„Die Enkelkinder aufwachsen sehen"

Entdecken Sie die Geheimnisse der 100-Jährigen. Anti-Aging Experte zeigt, wie Sie deutlich länger leben und im Alter fit bleiben

Dr. Christian Glockner

Dieses Werk einschließlich aller Inhalte ist urheberrechtlich geschützt. Alle Rechte und Übersetzungsrechte vorbehalten. Nachdruck oder Reproduktion (auch auszugsweise) in irgendeiner Form, sowie die Einspeicherung, Verarbeitung, Vervielfältigung und Verbreitung mit Hilfe elektronischer Systeme jeglicher Art, gesamt oder auszugsweise, ist ohne ausdrückliche schriftliche Genehmigung des Verlages untersagt. Alle Namen und Personen sind frei erfunden und Zusammenhänge mit real existierenden Personen sind rein zufällig. Alle Inhalte wurden unter größter Sorgfalt erarbeitet. Der Verlag und der Autor übernehmen jedoch keine Gewähr für die Aktualität, Korrektheit, Vollständigkeit und Qualität der bereitgestellten Informationen. Druckfehler und Falschinformationen können nicht vollständig ausgeschlossen werden.

Inhaltsverzeichnis

Vorwort vii
1 Was bedeutet Älterwerden heute? 1
   1.1 Begleiter des Ruhestands: Körperliche
       Veränderungen und neue Lebensabschnitte   2
   1.2 Meinung der Medien und der Gesellschaft................... 6
   1.3 Wahrnehmung des Einzelnen 10
   1.4 Zusammenfassung 16

2 Fünf Mythen über das Älterwerden 17
   2.1 Mythos #1: Im Alter sinkt die Leistungsfähigkeit
       insämtlichen Bereichen deutlich. 17
   2.2 Mythos #2: Einsamkeit und Unzufriedenheit
       erhalten verstärkt Einzug in den Alltag........................18
   2.3 Mythos #3: Das Leben ist bald vorbei. 19
   2.4 Mythos #4: Im Alter ist man eine Belastung für
       andere Personen. 21
   2.5 Mythos #5: Sex spielt im Alter keine Rolle mehr........ 22
   2.6 Zusammenfassung 24

3 Was beeinflusst den Alterungsprozess und wie kann
ich ihn verlangsamen?.. 25
   3.1 Erörterung der einzelnen Bestandteile des Körpers .. 26
   3.2 Schritt für Schritt das Altern verlangsamen – Praxis
       mit Anleitungen 82
   3.3 Hilfsmaterial zur Bekämpfung von Süchten und
       schlechten Gewohnheiten 102
   3.4 Zusammenfassung 114

4 Mit Gelassenheit und Würde altern 115
    4.1 Schüssel zur Gelassenheit: Allen negativen
        Einstellungen und Berichten trotzen 115
    4.2 Würde: Wenn Falten Geschichten erzählen............ 120
    4.3 Zusammenfassung 124

Schlusswort...125
Quellenverzeichnis 129

Vorwort

Menschen altern. Mit zunehmender Lebensdauer macht sich der Alterungsprozess innerlich und äußerlich bemerkbar. Die ersten grauen Haare kommen. Eventuell fallen die Haare aus. Die körperliche Zusammensetzung verändert sich, was einen höheren Fettgehalt bedingt. Der Muskelanteil geht zurück. Geistig schwinden die Ressourcen: Neue Dinge werden langsamer erlernt, die Merkfähigkeit schwindet.

Grundsätzlich lassen sich diese Aussagen bestätigen, wenngleich sie ein zu absolutes Bild vom Alterungsprozess zeichnen und außen vor lassen, dass es Ausnahmeerscheinungen gibt: Wie können Personen im Alter von 90 Jahren einen Marathon laufen oder als Turner an Wettkämpfen teilnehmen? Warum gelingt es einigen Personen, sich die geistige Fitness und Wachheit bis ins hohe Alter zu erhalten und Sprachen sowie Musikspielen in Windeseile zu erlernen? Was ist das Erfolgsrezept von Senioren, die im Alter von fast 70 Jahren einen gestählten Körper mit einem für ihr Alter ungewöhnlich geringen Fettanteil und hohen Muskelanteil haben? Warum leben von den wenigen Personen, die 110 Jahre alt und noch älter werden, die meisten in Japan?

Der Alterungsprozess findet zweifellos statt. Mit dem Alter müssen gewisse Veränderungen im Lebenswandel eintreten, da sich der Stoffwechsel verändern und die Leistungsfähigkeit der Organe nachweislich irgendwann reduzieren wird. Aber wann das passiert, wie es passiert und wie wir Menschen damit klarkommen – das vermögen wir zu beeinflussen! Es ist uns möglich, mittels der Befolgung einfacher Richtlinien, die Wahrscheinlichkeit für ein verlangsamtes Altern zu erhöhen. Sie werden im Rahmen dieses Ratgebers erfahren, welche Richtlinien Sie beachten müssen, damit Sie den Alterungsprozess erfolgreich verlangsamen können. Allerdings wird es wenig verwunderlich sein, dass es sich primär um die Bereiche Ernährung, Bewegung und geistige Aktivität handelt. Der Ratgeber wird Ihnen den Körper und dessen Bestandteile in aller Ausführlichkeit erklären, damit Sie die Zusammenhänge verstehen und merken, was für ein enormes Potenzial für Ihr persönliches Leben Sie mit diesem Buch gerade in der Hand halten:

- Sie möchten im Alter Ihre Kraft bewahren oder steigern?
- Ihr Anspruch ist es, mit zunehmendem Alter geistig auf der Höhe zu sein?
- Sie wünschen sich eine Verbesserung Ihres bisherigen Gesundheitszustandes oder Ihres optischen Erscheinungsbildes?

Das und noch viel mehr werden Sie in den folgenden Kapiteln lernen. Obwohl die Zielgruppe hauptsächlich Senioren sind, profitieren auch jüngere Leser – im Prinzip Leser sämtlicher Altersgruppen – von den Hinweisen, die im Buch gegeben werden.

Da Körper und Geist eine Einheit bilden, wird in den Kapiteln verstärkt auf die psychische Komponente eingegangen, die Ihnen neue Sichtweisen auf die Bedeutung des Alterns eröffnet. Hierzu konfrontiert Sie das erste Kapitel mit bestimmten Einflüssen, die neben der Anatomie und Physiologie auf den Körper und Verstand einwirken. Ein Thema, das aufgegriffen wird, ist die Digitalisierung, die auf den ersten Blick Herausforderungen für die ältere Generation mit sich bringt. Auf den zweiten Blick hingegen verschafft die Digitalisierung älteren Personen

Möglichkeiten, das Leben interessanter, abwechslungsreicher, komfortabler und reicher an Gesellschaft zu gestalten. Im letzten Kapitel wird die psychische Komponente der Akzeptanz aufgegriffen: Wie bekommen Sie es hin, mit Gelassenheit und Würde zu altern? Es ist eine spannende Frage, die Ihr Selbstbewusstsein, Ihr Wohlbefinden und Ihre Motivation im Alter entscheidend beeinflusst.

Das Ziel dieses Ratgebers ist es nicht, Ihnen die Illusion zu verschaffen, Sie könnten ohne äußere und innere Anzeichen altern. Ebenso wenig soll Ihnen vermittelt werden, das Altern lasse sich vermeiden. Alles, was auch bei anderen Menschen passiert, wird ebenso bei Ihnen passieren – früher oder später. Mit dem Lesen dieses Buches und dem Befolgen der Ratschläge sorgen wir dafür, dass das Altern verlangsamt wird und Sie ein möglichst langes Leben in hoher Qualität verbringen. Bedenken Sie bei alledem folgende Punkte: Es ist nie zu spät, um das Altern zu verlangsamen und die Lebensqualität zu steigern. Das ist auch die Ansicht führender Wissenschaftler und Ärzte, die Sie im weiteren Verlauf des Buches ausgeführt erhalten. Außerdem gibt es keine Personengruppe, für die sich nicht ein individuelles Programm zusammenstellen ließe, um schrittweise den Gesundheitszustand zu optimieren.

Lesen Sie aufmerksam und unvoreingenommen das Buch. Nehmen Sie Ihre Chancen wahr, ein Super-Ager zu werden; also eine Person, die im hohen Alter vor mentaler und körperlicher Aktivität nur so strotzt. Oder nutzen Sie dieses Buch zumindest als eine Informationsquelle, mit deren Hilfe Sie fundierte Fakten über den menschlichen Körper erfahren. Sie werden merken, dass die Medizin eine faszinierende Tatsache nach der anderen enthüllt und vieles, was bisher übers Altern als allgemeingültig galt, in Frage gestellt werden muss. Viel Spaß beim Lesen!

1 Was bedeutet Älterwerden heute?

Die Bedeutung des Älterwerdens wird in diesem Kapitel auf drei Ebenen thematisiert. Am Anfang führen wir uns die intrinsischen Einflüsse auf den Alterungsprozess vor Augen. Hierzu gehören einerseits die körperlichen Veränderungen, andererseits die Einstellung des alternden Menschen zum Altern. Nach Betrachtung dieser Aspekte widmen wir uns den extrinsischen Faktoren. Hierzu gehören die Sichtweise der Medien und Gesellschaft auf den Alterungsprozess. Sie werden feststellen, dass die Leitbilder der Medien und Gesellschaft in Bezug auf das Altern negativ geprägt sind, da vermehrt die Herausforderungen betrachtet werden. Wieso dem so ist und welche aussichtsreichen Chancen parallel zu den Herausforderungen existieren, wird Teil dieses Kapitels sein. Zu guter Letzt betrachten wir das Zusammenspiel aus intrinsischen sowie extrinsischen Faktoren, indem wir im Unterkapitel 1.3 betrachten, wie jeder Einzelne die Umwelt wahrnimmt: Wann tritt eine Überforderung mit den neuen Einflüssen der heutigen Zeit ein, denen die Digitalisierung zuzurechnen ist? Dieses Kapitel liefert Ansatzpunkte dafür, wie sich der Alterungsprozess hinauszögern lässt. Es informiert aber auch generell über einige Aspekte des Alterns, die die Psyche beeinflussen und somit den Alterungsprozess indirekt fördern oder hemmen.

1.1 Begleiter des Ruhestands: Körperliche Veränderungen und neue Lebensabschnitte

Die alternde Person selbst merkt das Altern bereits vor dem Ruhestand durch körperliche Veränderungen. Der Großteil der Veränderungen lässt sich durch einen gesunden Lebensstil, der Gegenstand des gesamten Ratgebers sein wird, hinauszögern. Einfluss auf die körperlichen Veränderungen nimmt die Psyche eines Menschen – dies gilt für das komplette Leben. Mit dem Eintritt in den Ruhestand kommt allerdings eine größere Herausforderung, da mit dem Beginn dieses neuen Lebensabschnitts sämtliche bisher gewohnten Strukturen wegfallen.

1.1.1 Sind körperliche Veränderungen unvermeidbar?

Gewisse körperliche Veränderungen sind mit dem Alter unvermeidbar. Sie begleiten nicht nur den Ruhestand, sondern zeichnen sich bereits vorher ab. Graue Haare sowie Faltenbildung und Elastizitätsverlust der Haut sind in der Regel optisch die ersten merkbaren Veränderungen. Der Vorteil dieser Änderungen ist, dass sie schleichend passieren. Somit ist es einfacher, mit den Veränderungen klarzukommen und das neue Aussehen Schritt für Schritt zu akzeptieren.

Auch im Inneren des Körpers hinterlässt der Alterungsprozess seine Spuren. Typische und direkt mit dem Alter in Verbindung gebrachte Aspekte sind ein Verlust an Kraft und Probleme mit Gelenken. Weitere Beschwerden, wie z. B. eine höhere Infektanfälligkeit und altersbedingte Erkrankungen der Organe, treten zu individuellen Zeitpunkten ein.

Schlussendlich altert jeder Mensch individuell, was auf genetische Dispositionen, den Lebensstil sowie die Umwelt zurückzuführen ist. Die genetischen Dispositionen lassen sich nach der Geburt nicht mehr beeinflussen, aber der Lebensstil sehr wohl. Auch bei der Umwelt gibt es Möglichkeiten, Einfluss zu nehmen. Gesetzt dem Fall, Sie nehmen die Spielräume wahr und agieren entsprechend, um den Alterungsprozess zu verlangsamen, sind körperliche Veränderungen zwar nicht vermeidbar, lassen sich aber immerhin hinauszögern.

1.1.2 Glücklich sein: Sich neu einordnen und „Ja" zum Leben sagen!

Den neuen Lebensabschnitt „Ruhestand" erfolgreich zu begehen, erfordert eine positive Einstellung zum Altern und den Möglichkeiten, die es bietet. Es dürfen nicht die Probleme im Vordergrund stehen, sondern die Perspektiven. Probleme werden erkannt und gelöst, aber prägend für den Ruhestand sollte das Ausnutzen der neuen Chancen sein:

> *„Der Renteneintritt ist ein neuer Beginn,*
> *gib deiner Freizeit jetzt einen neuen Sinn.*
> *Du kannst reisen wann es dir gefällt*
> *und dies deinem Chef nicht mehr missfällt.*
> *Brauchst dich nun nur mehr um dich selbst zu sorgen,*
> *Arbeitskleidung jetzt endlich auch entsorgen.*
> *Zum Aufstehen ist kein Wecker nötig mehr,*
> *darauf zu verzichten fällt dir sicher gar nicht schwer.*
> *Jahrzehnte lang warst du immer pflichtbewusst,*
> *aber nun ist Schluss mit unnötigem Zeitverlust.*
> *Viele Jahre mögest du deine Rente erleben*
> *und dich selbst dabei niemals aufgeben."*
> (Unbekannter Verfasser)

Der Wechsel aus der Arbeitswelt in den Ruhestand ist gleichbedeutend mit dem Eintritt in einen neuen Lebensabschnitt. Von heute auf morgen verändert sich vieles und Strukturen, die den Großteil des Lebens geprägt haben, fallen weg. Unter diese Strukturen fällt der Dienstplan bei der Arbeit, der klare Zeiträume an den einzelnen Tagen definiert hat. Das Sozialgefüge gehört ebenfalls diesen Strukturen an. Arbeitskollegen und Freunde, die eventuell noch am Arbeiten sind, möchten sich nach der Arbeit ausruhen und haben weniger Zeit verfügbar, die sie mit Ihnen verbringen könnten. Der Entfall der bisher vorhandenen Strukturen stellt eine herausfordernde Umstellung dar, die bei vielen betroffenen Personen eine Leere hinterlässt.

Sind auch Sie von dieser Leere betroffen? Dann führen Sie sich vor Augen, dass es nicht die erste Leere infolge einer Lebensumstellung ist, die Sie durchleben:

- Nach der Schule gab es eine Leere. Oder besser gesagt: Es hätte eine Leere gegeben, wenn Sie nicht in vollen Zügen die neue Freiheit und Unabhängigkeit genossen hätten.
- Vielleicht gab es keine Leere nach der Schule, aber dafür nach dem Studium oder nach der Ausbildung. Es ging ein weiterer Lebensabschnitt vorüber und Sie mussten sich im Berufsleben zurechtfinden.
- Haben Sie bereits einen geliebten Menschen verloren, dann wissen Sie um das Vakuum, das diese Person hinterlässt. Es ist eine große Umstellung und Sie stehen vor der unausweichlichen Tatsache, dass Sie Ihr Leben ohne diese geliebte Person führen müssen.

Es handelt sich bei den genannten Stichpunkten um individuelle Beispiele, die womöglich nicht bei Ihnen zutreffen mögen. Die Leser unter Ihnen, die bereits über 60 Jahre alt sind, werden sich erinnern, dass damals neben dem heute präferierten Weg eines Studiums oder einer Ausbildung direkt nach der Schule auch der traditionelle Weg üblich war: Nach der Schule erfolgte ein direkter Berufseinstieg in den Betrieb der Eltern. Später wurde der Betrieb übernommen.

Nichtsdestotrotz werden Sie in Ihrem Leben die Herausforderung eines neuen Lebensabschnitts bereits erlebt haben. Der

Eintritt in den Ruhestand ist nichts anderes, nur in einem anderen Gewand. Ihr jetziger Vorteil ist, dass Sie über die Erfahrung eines Lebens verfügen und wissen, was die Antwort auf eine derartige Lebensumstellung sein muss: Sich neu einordnen und das Leben bejahen!

Es gibt Lebensumstellungen, die mehr Negatives als Positives mit sich bringen. Dies ist beispielsweise beim Tod eines geliebten Menschen und dem Leben ohne diesen Menschen der Fall. Der Ruhestand aber gehört gewiss zu den Veränderungen im Leben, die reichlich Positives an sich haben, um glücklich zu sein und die Zeit zu genießen. Alles, was Sie sagen müssen, ist: „Ja, ich will diese Zeit zu meiner Zeit machen." Alles, was Sie tun müssen, ist sich gegenüber den Ihnen möglichen Aktivitäten zu öffnen und das Vakuum mit Leben zu füllen.

- Haben Sie sich nie gewünscht, nicht mehr arbeiten zu müssen und dennoch gut leben zu können?
- Wollten Sie nicht flexibel in der Zeitgestaltung sein und permanent Zeit für die Familie haben?
- Ist in Ihnen nie die Idee von der Ausübung mehrerer Aktivitäten aufgekommen, die Sie wegen Zeitmangels aber beiseiteschieben mussten?

Jeder Mensch hat bzw. hatte Wünsche, deren Erfüllung mit dem Eintritt in die Rente näher rücken kann. Natürlich gibt es Herausforderungen, die sich auftun: Von körperlichen Veränderungen über eine eventuelle Altersarmut bis hin zu einem erschwerten Zugang zu Aktivitäten in der Nähe des eigenen Wohnorts. Lösungen lassen sich aber immer finden. Im nächsten Abschnitt geht der Ratgeber kurz auf einige Lösungsansätze im Falle einer Altersarmut ein. Optimale Maßnahmen zur Gesunderhaltung des Körpers und Geistes sind ohnehin Hauptgegenstand dieses Ratgebers.

In diesem Unterkapitel wurde veranschaulicht, dass der Alterungsprozess mit dem Ruhestand eine fürs Leben einschneidende Veränderung mit sich bringt. Diese Veränderung erfolgreich zu beschreiben, erfordert die richtige Einstellung: Wer im Geiste offen ist und die Chancen wahrnimmt, wird einen Weg finden, glücklich zu altern.

1.2 Meinung der Medien und der Gesellschaft

Die Meinung der Medien und der Gesellschaft bezüglich des Alterns hinterlässt des Öfteren einen negativen Eindruck. Bei den Medien ist der Fokus der Berichterstattung auf die Probleme des Alterungsprozesses verantwortlich für den negativen Eindruck. Innerhalb der Gesellschaft zeichnet sich ein zwiespältiges Bild ab. Während die einen verstärkt die Herausforderungen sehen, beleuchten die anderen bevorzugt die Chancen. Wir betrachten in diesem Unterkapitel beides, um eine differenzierte Sichtweise auf das Altern zu gewinnen.

1.2.1 Herausforderungen: Demografischer Wandel, Altersarmut und andere politische Herausforderungen

Die Medien und Gesellschaft stellen in Berichterstattungen und Sendungen regelmäßig mehrere Probleme heraus, die mit Ruheständlern in Verbindung gebracht werden. Der Kernpunkt ist der demografische Wandel, der sich auf mehrere Systeme des Staates auswirkt und diverse Einzelprobleme mit sich bringt.

Zunächst sei auf den demografischen Wandel eingegangen: Aufgrund der geringer werdenden Anzahl an Personen im jüngeren Alter und dem Anstieg des Bevölkerungsanteils im hohen Alter zeichnet sich eine Veränderung der Altersstruktur in

Deutschland ab. Schon 2018 war jede zweite Person älter als 45 Jahre und jede fünfte Person älter als 66 Jahre.[1]

Der demografische Wandel wird deswegen als Problem angeführt, weil sich aus diesem Herausforderungen ableiten, die die gesamte Gesellschaft betreffen:

- Geringeres Angebot an Arbeits- und Fachkräften auf dem Arbeitsmarkt
- Verhältnis von Beitragszahler zu Rentenbezieher in der Rentenversicherung verschlechtert sich, sodass der Lebensstandard nachfolgender Generationen gefährdet ist
- Pflege- und Gesundheitssystem werden durch eine Zunahme an Patienten bei einem parallelen Rückgang der Arbeits- und Fachkräfte belastet
- Wandel der familiären Strukturen bedingt eine geringere Versorgung von Betroffenen durch die Familie und ein verstärktes Bedürfnis an professionellen Hilfen aus dem Pflegebereich

Quelle: demografie-portal.de[2]

Diese Herausforderungen wurden von der Enquête-Kommission festgestellt, die von der Bundesregierung eingesetzt wurde, um über drei Legislaturperioden hinweg den demografischen Wandel zu untersuchen.

Der Wandel wirkt sich auf mehrere Bereiche des Lebens und des staatlichen Systems aus. Einerseits haben die Ruheständ-

---

[1] https://www.destatis.de/DE/Themen/Querschnitt/Demografischer-Wandel/_inhalt.html
[2] https://www.demografie-portal.de/SharedDocs/Informieren/DE/BerichteKonzepte/Bund/Enquete_Kommission_Demographischer_Wandel.html

ler selbst mit einer zunehmenden Altersarmut zu kämpfen, andererseits steht der Staat im Hinblick auf die Finanzierung des Gesetzlichen Renten- und Krankenversicherung vor Herausforderungen. Eine klare Definition der Altersarmut variiert mit dem jeweiligen Institut oder der jeweiligen Quelle. Definitiv macht es aber keinen Sinn, in der Berechnung nach dem Durchschnittseinkommen zu gehen, da dieses durch die hohen Gehälter der Top-Verdiener verzerrt wird. Einen adäquaten Eindruck erhalten Sie, indem Sie sich Dokumentationen im Fernsehen und Internet ansehen. Auch ein Blick auf ältere Personen in Ihrem Umfeld und auf öffentlichen Plätzen verschafft mittlerweile ausreichend Aufschluss. Des Öfteren ist zu beobachten, wie Personen im betagten Alter zur Tafel gehen oder Pfandflaschen sammeln müssen, um sich im Ruhestand zu finanzieren.

Der Staat steht beim Aspekt „Finanzierung" vor Herausforderungen: Die gesetzliche Rentenversicherung wird zunehmend von den Rentenbeziehern geprägt und hat eine geringere Menge an Beitragszahlern. Die Erhöhung des Renteneintrittsalters, die Pflichtversicherung aller Selbstständigen und die Erhöhung der Beitragszahlungen stehen als Lösungsansätze für eine Finanzierung zur Debatte. Jede dieser Lösungen hätte bei Umsetzung Auswirkungen auf die Ruheständler.

Eine Auseinandersetzung mit den negativen Folgen des demografischen Wandels, die vermehrt in den Medien stattfindet, ist zwar unumgänglich, da Probleme gelöst werden müssen. Dabei sollte der Blick aber keineswegs nur auf die negativen Aspekte gerichtet werden.

1.2.2 Chancen: Steigende Lebenserwartung, steigende Lebensqualität und Jobs

Die weltweite Entwicklung der Lebenserwartung zeigt einen Anstieg:

Jahr	Lebenserwartung
1974	60,5
1984	64
1994	66,1
2004	68,8
2014	71,5

Quelle: alumniportal-deutschland.org[3]

Die steigende Lebenserwartung geht nicht automatisch mit einer verbesserten Lebensqualität einher. So gibt es Beispiele von Personen, die sich mit einem Medikamentenplan mit fünf bis zehn Medikamenten und zahlreichen körperlichen Beschwerden durch das Leben „quälen". Wenn die Medien die negativen Aspekte beleuchten, dann sprechen sie über diese Konsequenzen der gestiegenen Lebenserwartung und verweisen auf die hohe Pflegebedürftigkeit. Aber Tatsache ist, dass es die hohe Lebenserwartung auch in Kombination mit einer hohen Lebensqualität gibt. Neben genetischen Parametern und Zufällen liegt ein großer Einfluss auf die Lebensqualität in den Händen von uns Menschen. Wer im Alterungsprozess möglichst früh die Möglichkeiten wahrnimmt, etwas für den Erhalt der geistigen und körperlichen Fähigkeiten zu machen, wird sich bis ins hohe Alter mehrere Perspektiven aufrechterhalten. Personen wie Helmut Knapwerth, der im Alter von 70 Jahren noch sechs Tage die Woche in seinem eigenen Friseursalon in Hamburg arbeitet[4], sind Beispiele dafür, welche enormen Chancen der demografische Wandel bieten kann. Die Verantwortung, diese Chancen wahrzunehmen, liegt aber bei jedem Menschen selbst.

---

[3] https://www.alumniportal-deutschland.org/global-goals/sdg-03-gesundheit/steigende-lebenserwartung-alter-altern/
[4] https://www.abendblatt.de/hamburg/article213681691/Mit-70-Jahren-noch-mal-einen-neuen-Friseur-Salon.html

Mit steigender Lebensdauer und -qualität bieten sich Möglichkeiten, trotz geringer Rentenzahlungen einer Altersarmut entgegenzuwirken. Denn Jobs – zumindest Minijobs – werden dadurch im Alter realistisch. Bereits einfache Tätigkeiten, wie die eines Lehrers oder Kursleiters, sind auf diesem Wege ohne umfassende Qualifikationen möglich.

> **Beispiel**
>
> Der Job eines selbstständigen Erste-Hilfe-Kursleiters bringt im Schnitt bis zu 20 € die Stunde ein. Alles, was ein Ruheständler zur Ausübung dieses Jobs machen muss, ist der Besuch eines Kurses und zweier anschließender Schulungen mit je einer Woche Dauer. Nach Erhalt der Qualifikationen wird eine Tätigkeit als Kleinunternehmer angemeldet. Verbleibt der selbstständige Ruheständler unterhalb der Jahresgrenze von 9.408 € für den Grundfreibetrag, muss er keine Steuern auf sein Einkommen zahlen. So wird zu einem guten Stundenlohn von 20 € und einer aufgrund der Selbstständigkeit flexiblen Tätigkeit der Raum für einen Zuverdienst zur Rente geschaffen.

1.3 Wahrnehmung des Einzelnen

Der dritte Punkt des Alterungsprozesses beschäftigt sich damit, wie der Einzelne Einflüsse aus der Außenwelt wahrnimmt. Elementar ist nach aktuellem Stand (Stand: Februar 2020) die Auseinandersetzung mit der Digitalisierung. Von außen erscheinen gewisse Prozesse nicht nachvollziehbar und befremdlich, doch bei einer näheren Auseinandersetzung zeigt sich ein klarer Mehrwert für Personen jeden Alters, wenn die Digitalisierung Einzug in den persönlichen Alltag erhält. Ab einem gewissen Alter tritt die Angst ein, durch das Lernen neuer Prozesse und Einflüsse des Lebens überfordert zu werden, da die Lernfähigkeit mit dem Alter abnimmt. Dass es um die Lernfähigkeit im Alter so schlecht bestellt ist und eine Überforderung zwangsläufig eintritt, ist ein Mythos des Alterungsprozesses, wie sich in den folgenden Abschnitten und im nächsten Kapitel zeigen wird.

1.3.1 Bin ich gefordert, oder überfordert?

Die Wahrnehmung eines jeden Einzelnen in Bezug auf die Außenwelt beeinflusst die Offenheit, sich auch im Alter aktiv flexibel in die Gesellschaft einzugliedern. Eine Studie zeigte jüngst, dass in der Generation 70+ 10 Millionen Menschen in Deutschland das Internet noch nie genutzt haben.[5] Das sind so gut wie alle Bürger Deutschlands in diesem Alterssegment. Unterhalb der 70-Jahres-Grenze ist der Anteil der Internetnutzer höher, aber dennoch ausbaufähig. Als zentrale Gründe für die „Internet-Abstinenz" sind die Verschlossenheit gegenüber dem Neuen sowie die Angst vor Überforderung anzuführen.

Genau das sind aber die Punkte, die die gesellschaftliche Teilhabe, den Erhalt der geistigen Leistungsfähigkeit und das Verständnis für die Außenwelt erschweren. Die Gehirnzellen haben die höchste Wahrscheinlichkeit für Funktionalität, wenn sie gebraucht und gefordert werden. Durch die Offenheit gegenüber der Digitalisierung wird der Prozess gefördert, zumal dadurch zwei weitere Fliegen mit einer Klappe geschlagen werden: Einerseits erhält man durch die Konfrontation mit den digitalen Geräten sowie Trends ein besseres Verständnis für das Leben in der heutigen Zeit und kann so die digitale Transformation besser nachvollziehen. Andererseits verbessern sich die Chancen zur gesellschaftlichen Teilhabe, da bei den neuesten Innovationen und Trends mitgeredet werden kann. Auch ist es möglich, Fragen an jüngere Personen zu stellen und durch generationenübergreifende Konversationen zu lernen.

---

[5] https://www.dzw.de/studie-zur-internetnutzung-20-millionen-senioren-bleiben-auf-der-strecke

Es ist niemand gezwungen, das Leben nun ausschließlich vor verschiedenen Endgeräten zu verbringen. Aber als Ergänzung zu den üblichen Aktivitäten, die man im nicht digitalisierten Bekanntenkreis pflegt, erweist sich eine Offenheit gegenüber der Digitalisierung als vorteilhaft. Nichtsdestotrotz muss festgehalten werden, dass der Grat zwischen Forderung und Überforderung ein schmaler ist. Von daher ist ein grundlegendes Maß an Verständnis gegenüber Ruheständlern angebracht, die Angst vor Überforderung haben oder sich mit der Digitalisierung überfordert fühlen.

Was die Überforderung auslöst, ist aber nicht das Neue an sich. Die Überforderung resultiert aus der Angst, Fehler zu machen. Wer sich einer neuen Sache ohne Angst widmet, geht entschlossener und selbstbewusster zur Sache. Dies fördert die Erfolgswahrscheinlichkeit. Geduld ist ein entscheidender Faktor in dieser Theorie. Sie werden im Laufe dieses Ratgebers den vielseitigen Mehrwert der Konfrontation mit Neuem lernen und mehrere fundierte Nachweise für den Sinn, Neues zu probieren, erhalten. Fürs Erste sei nur gesagt: „Wer rastet, der rostet." In diesem Sinne sollten Sie sich fordern. Agieren Sie ohne Angst, sondern mit Geduld und Offenheit, dann werden Sie nicht überfordert sein.

1.3.2 Möglichkeiten durch die Digitalisierung

Die Möglichkeiten durch die Digitalisierung eröffnen Senioren die Chance, am sozialen Leben besser teilzuhaben sowie höhere Selbstständigkeit und Sicherheit zu erhalten. Auch ein gesteigerter Komfort kann Resultat einer erfolgreichen Digitalisierung von Senioren sein. Werbungen im Fernsehen und Internet betonen diese Vorteile ebenso wie Einrichtungen für ältere Personen.

Besondere Aufmerksamkeit erlangt in diesem Kontext zurzeit das Smart Home. Für die breite Masse der Öffentlichkeit begann das Smart Home mit Alexa, einem Sprachassistenten für das eigene Zuhause. Der Sprachassistent lässt sich mit Fernseher, Musikanlage, Beleuchtung/Lampen und weiteren technischen Geräten im Haushalt verbinden. Durch gesprochene Befehle macht Alexa die gewünschte Musik an oder schaltet die Lampe aus. Ein größerer Komfort für die Nutzer ist das Resultat. Was für die meisten Menschen erst mit Alexa Einzug in ihr Leben fand, hatte in anderen Geräten schon vorher seine Perfektion gefunden: Sensorböden, die vermehrt in Pflegeheimen zum Einsatz kamen und Stürze feststellen konnten, woraufhin sie einen Notruf abgesetzt haben, sind nur ein Beispiel für eine weitere Anwendung des Smart Homes, eines vernetzten Zuhauses.

Doch wieso so weit greifen und das Smart Home zur Sprache bringen, wenn doch bereits ein einfaches Smartphone für Senioren die Kommunikation mit der Familie vereinfacht: Wenn die Enkel oder Kinder keine Zeit für ein Telefonat über Festnetz oder ein Treffen haben, dann sind Sprachaufnahmen oder Videotelefonate über Whatsapp möglich. Über Instagram und Facebook lässt sich der gesamte Tagesablauf von Bekannten und Freunden beobachten.

Auch wenn die Digitalisierung und die technischen Möglichkeiten, die sie mit sich bringt, nicht ein dauerhafter Ersatz für das Leben außerhalb des Internets sind, stellt sich heute häufig die Frage: Digitale Kommunikation oder seltene bis gar keine Kommunikation? In diesem Fall ist die erste Variante die bessere, zumal Kommunikation und soziales Zusammenleben Resilienzfaktoren im Leben sind.[6] Mit zunehmendem Alter vermögen diese Faktoren die Entstehung von Alzheimer und Demenz entscheidend zu beeinflussen, indem sie das Risiko für eine Entstehung senken.

---

[6] https://www.dgpp-online.de/home/themen-der-positiven-psychologie/positive-aging-positiv-altern/

> **Erklärung**
> Resilienz bezeichnet die Widerstandsstärke des Menschen in vielfacher Hinsicht. Hierunter fallen sowohl psychische als auch physiologische Erkrankungen. Resilienz ist keine wissenschaftlich anerkannte und definierbare Größe, findet im Wortschatz der Wissenschaftler aber häufige Anwendung.

1.3.3 Erfahrungen einbringen vs. Zurückhaltung üben

Eine wesentliche Herausforderung des Alterungsprozesses in der Wahrnehmung des Einzelnen ist die Frage nach dem Ausmaß, in dem anderen Ratschläge erteilt werden sollen. Zweifellos weisen Personen mit zunehmendem Alter einen höheren Erfahrungsschatz auf. Durch das Teilen dieses Erfahrungsschatzes mit anderen Personen wird es möglich, diesen bei gewissen Fragen des Lebens und im Beruf zu helfen. Gleichwohl ist nicht jede Erfahrung richtig am Platz. Im schlimmsten Falle werden die Erfahrungen genau dann eingebracht, wenn sie zum Gegenstand der Diskussion nicht passen. Reagieren Menschen auf die Tipps einer älteren Person abweisend, fühlt sich diese Person nicht gebraucht, zieht sich zunehmend zurück und leidet im Hinblick auf die soziale Situation. Exakt deswegen ist die Frage „Erfahrungen einbringen oder Zurückhaltung üben?" durchaus eine Frage, die den Alterungsprozess beeinflusst; nämlich, indem sie die Qualität der Konversationen und die persönliche Stimmung im Nachhinein beeinflusst. Welche Rolle das soziale Leben beim Altern spielt, wurde bereits erläutert und macht die nachfolgenden Gedankengänge für Sie nachvollziehbarer.

Wann das Einbringen von Erfahrungen richtig ist, bemisst sich an folgenden Aspekten:

- Beziehung zum Gesprächspartner

- Eigener Erfahrungs- und Wissensschatz bezüglich des diskutierten Themas
- Allgemeine Stimmung
- Charakter des Gesprächspartners

Je vertraulicher die Beziehung zum Gesprächspartner ist, umso eher lassen sich eigene Erfahrungen einbringen, ohne dass es zu dem Eindruck kommt, sie würden jemanden belehren wollen. Enkelkinder, Kinder, jüngere Brüder und Schwestern oder auch Freunde lassen sich gut beraten und sind offen für Gespräche. Allerdings gibt es Grenzen. Häufiges Wiederholen derselben Ratschläge und eine des Öfteren mangelhafte Argumentation sorgen sogar in engen Kreisen für Unverständnis und genervtes Abwinken bei Personen. Die mangelhafte Argumentation ist ein Kernpunkt, der das Teilen von Erfahrungen erschwert. Jüngere Personen bekommen durch Schule, Studium, Ausbildung und Beruf die Bedeutung einer klaren Argumentation beigebracht. Bekommen sie diese von anderen Personen nicht zu hören, dann stellen sie sich und hören sich die Aussagen nur ungern an. Wiederum fühlen sich ältere Personen vereinzelt gar nicht zu einer Argumentation verpflichtet. Sie glauben, der Erfahrungsschatz und Respekt vor dem Alter würden eine Argumentation entbehrlich machen.

Überlegen Sie sich für Ihre Aussagen eine gute Argumentation, die neben den Vorteilen Ihrer Ratschläge auch die Nachteile erläutert. Berücksichtigen Sie dabei stets die Wichtigkeit, auf der Höhe der Zeit zu argumentieren: Vorschläge, die vor 30 Jahren noch ihre Berechtigung hatten, haben diese nicht unbedingt auch heute noch. Genauso wie die Mauer gefallen ist und zur Wiedervereinigung Deutschlands geführt hat, haben sich Arbeitsabläufe in sämtlichen Branchen geändert. Die Gewohnheiten in verschiedenen Altersklassen haben sich ebenfalls gewandelt.

> **Hinweis!**
> Die Offenheit gegenüber Neuem wird Ihnen helfen, auf der Höhe der Zeit zu bleiben. Sobald Sie sich zumindest in der Theorie mit der Digitalisierung auseinandersetzen, wird es Ihnen gelingen, Argumentation und Ratschläge zeitgemäßer auszurichten. Durch Informationen über neue Trends, wie z. B. den Fitnesstrend, den Diättrend, die Beliebtheit von Reisen und „Selbstfindungsausflügen" nach der Schulzeit, werden Sie es einfacher haben, die junge Generation zu verstehen..

1.4 Zusammenfassung

Der Alterungsprozess bringt körperliche Veränderungen und Neuerungen mit sich. Es gibt für einen positiven Alterungsprozess kein Patentrezept, aber eine Lösung, die einem Patentrezept nahekommt: Offenheit gegenüber Neuem. Neues wird so lange nicht überfordern, wie keine Angst vor Fehlern gegeben ist. Ist reichlich Geduld vorhanden, dann fordert dies das permanente Lernen, aktiviert eine Vielzahl an Gehirnzellen und verschafft neue Perspektiven. Dank der Perspektiven erschließen sich Chancen zu einer verbesserten gesellschaftlichen Teilhabe, einer gesteigerten Lebensqualität und einem erhöhten Komfort. Vor der Offenheit gegenüber Neuem steht allerdings die Entscheidung, das Leben in hohem wie in jungem Alter zu bejahen. Mit der positiven Einstellung wird der Grundstein dafür gelegt, den Mythen des Alterns zu trotzen und die Verlangsamung des Alterns ins Auge zu fassen.

2 Fünf Mythen über das Älterwerden

Es gibt viele Mythen über das Älterwerden. Personen und Medien übertreffen sich mit generalisierenden Aussagen über die Folgen des Alterns sowie den Alterungsprozess an sich. Wir nehmen speziell fünf beliebte Mythen unter die Lupe, die auf Aspekte des ersten Kapitels eingehen und eventuell aufgekommene Sorgen entkräften. Zudem erweitern wir mit den folgenden fünf Mythen im Check die Basis für den weiteren Verlauf des Ratgebers.

2.1 Mythos #1: Im Alter sinkt die Leistungsfähigkeit in sämtlichen Bereichen deutlich.

Es heißt des Öfteren, im Alter nehme der geistliche und körperliche Verfall stetig zu. Gebrechliche Personen und vergessliche Menschen seien Beispiele dafür. Als berühmtes Beispiel in Deutschland sorgte der Prominente und langjährige Schalke-Manager Rudi Assauer für Aufsehen, der an Alzheimer litt. Während sich erste Anzeichen für seine Krankheit gegen 2002 durch das Vergessen von Terminen und Verlegen von Dokumenten andeuteten, hielt er noch mehrere Jahre seinen Posten als Manager des FC Schalke 04. Er war eine Ikone, nicht zuletzt wegen seiner großen Leidenschaft und der Zigarre als seinem

Markenzeichen. Am 6. Februar 2019 starb er, nach mehreren Jahren Krankheit.[7]

Ist das ein Schicksal, das es mit zunehmendem Alter zu fürchten gilt?

Ein eindeutiges „Nein" zu geben, wäre nicht richtig und obendrein unfair. Vereinzelt gibt es Personen, bei denen das Risiko, Krankheiten wie Alzheimer zu entwickeln, höher ist als bei anderen. Die genetische Veranlagung spielt bei allen Altersprozessen im Körper eine Rolle. Aber neben der genetischen Veranlagung gibt es so vieles, was der Mensch beeinflussen kann. Mittlerweile existieren sogar Forschungen, nach denen bei Personen oberhalb der 70 Jahre noch eine Neubildung von Hirnzellen festgestellt wurde[8,] was der bisherigen wissenschaftlichen Gewissheit, im Alter seien keine Neubildungen von Zellen im Gehirn mehr möglich, widerspricht. Somit ist es keineswegs gewiss, dass die kognitive Leistungsfähigkeit des Menschen überhaupt abbaut. Aber dass die Leistungsfähigkeit in sämtlichen Bereichen deutlich abbaut, ist definitiv alles andere als unvermeidbar. Somit ist der Mythos klar widerlegt. Es gibt Marathonläufer mit 89 Jahren, Turner mit über 90 Jahren und Genies mit über 100 Jahren.

2.2 Mythos #2: Einsamkeit und Unzufriedenheit erhalten verstärkt Einzug in den Alltag.

Es existiert ein Anteil an Ruheständlern, der sein Dasein einfach nur fristet und nicht weiß, was mit der freien Zeit angefangen werden soll. Dieser Anteil ist in Wirklichkeit aber geringer, als

---

[7] https://www.sueddeutsche.de/sport/rudi-assauer-tot-schalke-manager-nachruf-1.4320074

[8] https://www.cell.com/cell-stem-cell/fulltext/S1934-5909(18)30121-8

vermutet wird. Grund für die negative Wahrnehmung des Ruhestands im Hinblick auf soziale Aspekte ist die Darstellung der Medien. Was skandalös ist, Probleme demonstriert und auf Missstände hinweist, wird in den Medien vermehrt präsentiert.

Wie viele Beiträge oder Nachrichtensendungen über Altersarmut, psychische Probleme und Einschränkungen von älteren Menschen haben Sie bereits gesehen?

Lassen Sie sich davon nicht demotivieren. Es gibt auch zahlreiche Sendungen und Beiträge, in denen Ruheständler von freudigen Aktivitäten berichten, mit denen sie sich die Zeit vertreiben. Lassen Sie sich davon inspirieren und merken Sie, dass der Ruhestand alles andere als eine Zeit der Einsamkeit und Unzufriedenheit sein kann. Die beiden Schlüsselaspekte sind Einstellung und Aktivität. Legen Sie eine positive Einstellung zum Alter an den Tag und engagieren Sie sich ehrenamtlich oder melden Sie sich im Sportclub an, dann werden Sie merken, dass Gesellschaft und Freude präsent sind.

Aus Gesellschaft wird im Alter relativ schnell Freundschaft oder zumindest regelmäßige Konversation und Bekanntschaft. Die Hemmschwelle zur Kontaktaufnahme fällt in der Regel geringer aus. Außerdem besteht eine gewisse zwischenmenschliche Erfahrung, die einen guten Austausch mit anderen Menschen gewährleistet. Andersherum ist es auch im Alter sehr gut möglich, mit jüngeren Generationen in Kontakt zu kommen. Spezielle Programme, in denen die Rolle des Großvaters bzw. der Großmutter für ein Kind ohne Großeltern eingenommen werden kann, existieren ebenfalls. Von Ihnen muss nur eines kommen: Initiative.

2.3 Mythos #3: Das Leben ist bald vorbei.

Gleich eine gute Nachricht vorweg: Seit knapp 150 Jahren ist die Lebenserwartung konstant am Steigen.

Gründe dafür:

- Anstieg des Wohlstands
- Optimierung der medizinischen Versorgung
- Verbesserte Hygienestandards
- Höheres Bildungsniveau
- Gesündere Lebensweise

Dem Aspekt der gesünderen Lebensweise dürften einige Leser widersprechen wollen. Schließlich zeigt sich, dass Fast-Food-Ketten, hoher Zuckergehalt in Produkten und Fettleibigkeit heute in Industrieländern vermehrt zu beobachten sind.

Aber im Vergleich zu früheren Zeiten sind die Menschen bezüglich Drogen, Zigaretten und Alkohol besser aufgeklärt. Diese, sowie Aufklärung in weiteren Bereichen, führt zu einer insgesamt gesünderen Lebensweise als noch vor 150 Jahren.

Der Eintritt in den Ruhestand geht also nicht zwingend mit einem baldigen Lebensende einher. Vielmehr bemisst sich am individuellen Leben, wie lange die wohlverdienten Ferien andauern werden. Die Französin Jeanne Calment, die nach wissenschaftlicher Verifikation mit 122 Jahren und 164 Tagen der am längsten lebende Mensch der Welt war, demonstrierte es eindrucksvoll. Oder auch Goh Gewk Eng, der 2016 mit 92 Jahren noch bei McDonald's beruflich tätig war.[9] Im Zuge des Buches werden Sie außerdem eine Person vorgestellt bekommen, die mit über 90 Jahren sportlich noch höchst aktiv ist. All diese Beispiele zeigen: Die Lebenserwartung steigt. Wer das erkennt und sich mit einem gesunden Lebensstil weitere Spielräume eröffnet, kann von einem langen und erfüllten Leben im Ruhestand profitieren.

---

[9] https://www.stern.de/wirtschaft/news/mcdonalds-diese-92-jaehrige-macht-immer-noch-fritten-6835190.html

2.4 Mythos #4: Im Alter ist man eine Belastung für andere Personen.

Jeder Mensch ist in der einen oder anderen Lebensphase für andere belastend. Die Wortwahl „belastend" soll bitte vorsichtig aufgefasst werden. Es geht in diesem Kontext darum, dass ein Mensch dem anderen nicht genug Abstand gibt, obwohl dieser sich Abstand wünscht. Das Risiko, eine Belastung in diesem Kontext zu werden, sinkt mit einer zunehmenden Menge an sozialen Kontakten im persönlichen Umfeld. Denn je mehr soziale Kontakte vorhanden sind, umso geringer ist die Wahrscheinlichkeit, häufig auf eine Person zurückzukommen und deren Gesellschaft in Anspruch zu nehmen.

> **Beispiel**
>
> Wer sich im Alter ohne jegliche Vereinsaktivitäten oder Ausflüge in gesellschaftliche Bereiche an einem Ort abkapselt, hat unter Umständen nur zu seiner Familie Kontakt. Innerhalb dieser Familie gibt es eventuell nur zwei bis drei Personen, die Zeit für einen haben. Auch deren Zeit ist limitiert, da sie beruflichen oder familiären Pflichten nachgehen müssen. Zu diesen familiären Pflichten kann nicht immer die Gesellschaft für den Opa gehören. Nehmen wir als Gegenbeispiel einen Senioren, der bereits am frühen Morgen in den Fitnessclub geht und danach im Wellnessbereich etwas Zeit verbringt. Er erarbeitet sich nach wenigen Monaten einen Bekanntenkreis, mit dem er nahezu täglich bei wechselnder Gesellschaft abwechslungsreich die Zeit verbringen kann. Ihm reicht es aus, jede zweite Woche Kontakt zu seiner Familie zu haben.

Natürlich variieren Familien. In einigen Kulturen ist es gang und gäbe, dass Familien jede Woche zwei- bis dreimal in Runden von über 40 Leuten zusammenkommen und die Zeit miteinander verbringen. Auf diese lässt sich dieses Beispiel nicht ansatzlos beziehen. Die Mehrheit der Fälle zeigt aber: Die familiären Strukturen ändern sich. Aufgrund des umfassenden digitalen Angebots werden direkte Treffen immer seltener. Ältere Personen, die die Digitalisierung für sich nutzen und in öffentlichen Einrichtungen oder Clubs aktiv sind, wirken der Einsamkeit entgegen und werden auf diesem Wege mit höherer Wahrscheinlichkeit keine Belastung für andere Personen darstellen.

2.5 Mythos #5: Sex spielt im Alter keine Rolle mehr.

Sex ist keine Frage des Alters, sondern eine Typenfrage. Wer mit 20, 40 und 60 Jahren höchst aktiv war und sexuelles Verlangen hatte, wird mit 80 Jahren genauso empfinden; es sei denn, der Charakter und die Denkweisen eines Menschen verändern sich, sodass das Verlangen nach Sex davon beeinflusst wird. Vereinzelt ist hierin die Ursache für einen Rückgang der sexuellen Aktivitäten zu suchen. Aber ein Sinneswandel kann Mitte 20 oder Mitte 30 anfangen und ist nicht auf den Alterungsprozess zurückzuführen. Diese Erkenntnisse beruhen einerseits auf Befragungen von Personen aus verschiedenen Altersklassen, wie im Magazin „American Psychological Association" veröffentlicht.[10] Andererseits sind es die Aussagen führender Mediziner und Forscher, wie die von Klaus M. Beier, des Leiters des Instituts für Sexualwissenschaft und Sexualmedizin in Berlin-Mitte, im Interview mit dem Tagesspiegel.[11]

Im Rahmen der Erkenntnisse wird nicht das Altern an sich als Grund für den Rückgang der sexuellen Aktivitäten bei einigen alternden Personen ausgemacht. Stattdessen werden andere Faktoren angeführt:

---

[10] https://psycnet.apa.org/record/2019-25483-004
[11] https://www.tagesspiegel.de/themen/fit-im-alter/sex-im-alter-ja-das-verlangen-bleibt/13406450.html

- Verlust des Partners
- Geringere und erschwerte Auswahl an sexuellen Partnern
- Körperliche Veränderungen

Durch den Verlust des Partners steht eine Person im hohen Alter einerseits ohne ihre langjährige Bezugsperson da, andererseits auch ohne sexuellen Partner. Da bei Frauen die Lebenserwartung seit 1950 bis heute höher liegt und den Prognosen nach auch weiterhin höher liegen wird als bei Männern[12], trifft dieses Schicksal häufig das weibliche Geschlecht. Nach dem Verlust des Partners wäre die Suche eines neuen Lebens- oder zumindest Sexualpartners erforderlich. Da diese Suche in höherem Alter erschwert ist, handelt es sich hierbei um einen weiteren Grund für den Rückgang sexueller Aktivität während des Alterns.

Bis hierhin lässt sich zusammentragen, dass das Bedürfnis an Sexualität im Alter nicht sinkt. Vielmehr erschwert der Mangel an Möglichkeiten die sexuelle Interaktion. Dass Sex keine Rolle spielt, ist also ein gänzlich falscher Mythos – zumindest, sofern es rein auf den Alterungsprozess zurückgeführt wird, dass eine Person das Bedürfnis nach Sex verliert.

Verbleiben die körperlichen Veränderungen, die einer Betrachtung zu unterziehen sind: Diese sind ein eventuelles Hindernis für ältere Menschen, die einen Sexualpartner haben. Ein geringerer Hormonspiegel und der Druck, den man sich selbst psychisch auferlegt, sind potenzielle Hürden. Durch den sinkenden Hormonspiegel geht die Durchblutung der Schleimhäute der Scheide zurück. Zudem wird die Scheide nicht mehr so feucht wie in jungen Jahren. Bei Männern kann es aufgrund

---

[12] https://de.statista.com/statistik/daten/studie/273406/umfrage/entwicklung-der-lebenserwartung-bei-geburt-in-deutschland-nach-geschlecht/

der ebenfalls verschlechterten Durchblutung und des persönlichen psychischen Drucks dazu kommen, dass der Penis nicht so steif wird wie früher. Medikamente schaffen Abhilfe, können allerdings Nebenwirkungen haben und sollten auf keinen Fall ohne die Absprache mit einem Arzt eingenommen werden; erst recht nicht, wenn bereits andere Medikamente eingenommen werden, durch die das Risiko auf Wechselwirkungen besteht.

All den körperlichen Hürden zum Trotz spielt Sex im Alter eine Rolle und das Verlangen ist bei beiden Geschlechtern präsent. Durch einen gesunden Lebensstil wird die Sexualität gefördert. Die Sexualität selbst fördert wiederum den gesunden Lebensstil, da beim Geschlechtsverkehr Kalorien verbrannt und Glückshormone ausgeschüttet werden.

2.6 Zusammenfassung

Jedem Mythos lässt sich im Kern ein Stück Wahrheit abgewinnen. Bei einzelnen Personen trifft der Mythos sogar komplett zu. Da der Lebensstil eines Menschen stark durch seine Gewohnheiten geprägt wird, sorgen die heutigen negativen Gewohnheiten (z. B. Schnelllebigkeit und daraus resultierender Stress, Einfluss der Medien auf die persönlichen Denk- und Handlungsweisen) dafür, dass einige der Mythen sogar bei einer Vielzahl an alternden Personen zutreffen. Was bei vielen Menschen zutrifft, wird als hoch wahrscheinlich aufgefasst. Dem muss nicht so sein: Permanente Aktivität und ein reges Sozialleben sind die Grundpfeiler, um sich ein gesundes Leben aufzubauen, welches den Alterungsprozess zu verzögern vermag. Auf diesem Wege werden Einflussfaktoren des Alterns in ihrer Wirkung minimiert und die Mythen relativiert.

3 Was beeinflusst den Alterungsprozess und wie kann ich ihn verlangsamen?

Um zu verstehen, wieso mit zunehmendem Alter im Körper an gewissen Stellen gewisse Veränderungen eintreten, ist ein ausführliches Kennenlernen der Alterungsprozesse notwendig. Aus diesem Grund erwartet Sie mit dem ersten Unterkapitel 3.1 und der Erörterung der einzelnen Bestandteile des Körpers der ausführlichste Themenbereich des Ratgebers. Hier erfahren Sie, ...

- wie Muskeln, das Skelett, Haut & Haare, das Gehirn und die restlichen Organe altern.
- wieso diese Bestandteile altern.
- wie Sie den Alterungsprozess hinauszögern können.

Haben Sie Verständnis dafür, dass dieses Unterkapitel an der ein oder anderen Stelle etwas trocken ist. Es wurde aber für notwendig befunden, eine hohe inhaltliche Dichte und wissenschaftliche Korrektheit in dieses Unterkapitel einzubringen, da auf den Informationen dieses Unterkapitels alle Ratschläge zur Verlangsamung des Alterns basieren. Damit die Ratschläge eine größtmögliche Erfolgswahrscheinlichkeit haben und jeder Leser überzeugt wird, wird der unterhaltende Faktor dieses Ratgebers heruntergefahren und der wissenschaftliche Charakter im Unterkapitel 3.1 Einzug halten. Hier erhalten Sie bereits einen Großteil der Ratschläge, mit denen sich das Altern verlangsamen lässt. Ein geordneter Plan für die Umsetzung der Ratschläge ist im Unterkapitel 3.2 in Form einer Schritt-für-Schritt-Anleitung anzutreffen. Das Unterkapitel 3.2 bietet Ihnen konkrete Maßnahmen, die Sie praktisch realisieren können. Im Unterkapitel 3.3 erwarten Sie mehrere Hilfestellungen, um ungesunde Gewohnheiten und Süchte zu beseitigen.

3.1 Die Veränderungen im Körper

Unter den einzelnen Bestandteilen des Körpers sind die Muskeln und das Skelett diejenigen, die sich im Alterungsprozess durch gezielte Maßnahmen am besten positiv beeinflussen lassen. Sie bringen mit einer Runderneuerung der Strukturen in regelmäßigen jährlichen Abständen bereits von Natur aus gute Voraussetzungen mit, um bis ins hohe Alter fit zu bleiben. Haut und Haare sind in Hinblick auf die Verlangsamung des Alterungsprozesses komplizierter gestrickt, da sich gewisse Dinge, wie der Dichteverlust der Haut und der Farbverlust der Haare, nicht verhindern lassen. Das Gehirn ist das wohl am meisten erforschte Organ, zu dem sich bei näherer Betrachtung aber die wenigsten handfesten Aussagen machen lassen. Ein Erhalt der geistigen Leistungsfähigkeit im Alter ist in jedem Fall realistisch und bereits mit einfachen Maßnahmen zu fördern. Die restlichen Organe des Körpers spiegeln ähnliche Alterungsprozesse wie Haut, Haare und Gehirn wider, wenngleich mit eigenen individuellen Entwicklungen in einzelnen Details.

3.1.1 Muskeln

Die Muskeln altern zwar, aber regenerieren sich wieder. Grund hierfür ist die Zellerneuerung. Diese fördert zugleich die Selbstheilung. Jeder Mensch durfte in seinem Leben die schmerzhafte Erfahrung eines Muskelkaters machen. Er tritt dann ein, wenn die Muskeln ungewöhnlich stark beansprucht wurden. Beim Muskelkater sind feine Risse in der Muskulatur vorhanden, die nach wenigen Tagen vollständig regeneriert sind. Die Regeneration geht mit einer Beseitigung der Schmerzen einher und hinterlässt eine stärkere Muskulatur. Wird regelmäßig trainiert, dann wachsen die Muskeln. Auch die Muskelzellen erneuern sich, nämlich alle 15 bis 20 Jahre. Dennoch kommt es bei Personen dazu, dass sie im Alter einen Rückgang an Kraft und Muskulatur verzeichnen. Wieso passiert dies und wie lässt es sich verhindern?

3.1.1.1 Altersbedingter Muskelschwund

Der altersbedingte Muskelschwund, auch Sarkopenie genannt, hat eine Reduktion der Muskelkraft sowie Muskelmasse zur Folge. Wieso es zum Muskelschwund kommt, ist wissenschaftlich noch ungeklärt. Betroffen vom Muskelschwund sind Aussagen von Prof. Ingo Froböse zufolge 50 % der über 80-jährigen.[13] Die Ursache liege nicht in den Muskeln selbst, sondern in der Reizübertragung: Zwischen dem Nerv, der verantwortlich für die Übertragung der elektrischen Signale zum Muskel ist, und dem Muskel bestehe ein Übertragungsproblem. Bemerkbar mache sich Froböse zufolge die Sarkopenie in einem speziellen Muskeltyp, nämlich den Typ-2-Muskelfasern. Die verschiedenen Eigenschaften der Muskelfasern und deren Funktionen geben Rückschlüsse auf Möglichkeiten, um den Muskelschwund hinauszuzögern.

Die Typ-1-Muskelfasern sind gut durchblutet, rot und werden als langsame Muskelfasern bezeichnet; langsam, weil sie auf langsame, andauernde und unter Sauerstoffverbrauch verlau-

---

[13] https://www.n-tv.de/wissen/Muskeln-sind-immer-in-der-Pubertaet-article15766931.html

fende Belastungen spezialisiert sind.[14] Sie weisen eine hohe Anzahl an Mitochondrien auf. Die Mitochondrien sind die Kraftwerke der Zellen. Je mehr Mitochondrien vorhanden sind, desto langsamer altert der menschliche Körper. Werden neue Mitochondrien produziert, nennt man es mitochondriale Biogenese. Die Vorteile:

- Verzögerung des Alterungsprozesses
- Reduktion des Stresspegels
- Senkung der Müdigkeit

Mit ihren Eigenschaften als langsame und ausdauernde Muskelfasern sind die Typ-1-Muskelfasern im Alltag das ganze Leben lang wichtig. Sie werden bereits bei den kleinsten Herausforderungen des Alltags beansprucht: Vom Spaziergang über Wassergymnastik bis hin zum Fahrradfahren. Dementsprechend ist es kaum verwunderlich, dass dieser Muskeltyp vom Muskelschwund im Alter nicht betroffen ist. So gering das Aktivitätslevel der jeweiligen Person auch sein mag: Durch die hohe Anzahl an Mitochondrien wird die Zellerneuerung begünstigt. Mit einem Minimum an Aktivität existiert bereits ausreichend Anreiz zur Zellerneuerung.

Anders verhält es sich bei den Typ-2-Muskelfasern. Hier wird in Typ-2a- und Typ-2b-Muskelfasern differenziert, was an dieser Stelle nicht weiter ausgeführt werden muss. Denn der Kernaspekt ist, dass Muskelfasern des zweiten Typs weniger Mitochondrien enthalten. Stattdessen sind sie mit Glykogenvorräten für die Glykolyse ausgestattet. Sie schöpfen ihre Energie zunächst aus ATP (Adenosintriphosphat), welches bei kurzzeitigen und schweren Belastungen notwendig ist. Geht eine Belastung dieser Art über fünf bis zehn Sekunden hinaus, dann

---

[14] https://www.spektrum.de/lexikon/neurowissenschaft/muskelfaser/8044

werden im Rahmen der Glykolyse die Kohlenhydrate in den Muskelzellen abgebaut, um Energie zu gewinnen.

> **Erklärung**
>
> ATP ist der Hauptspeicher für Energie in menschlichen Zellen. Je mehr ATP in Zellen vorhanden ist, umso aktiver sind sie. Ein hohes Aktivitätslevel in den Zellen begünstigt die Zellerneuerung und treibt den Stoffwechsel voran. ATP lässt sich nur begrenzt auf Vorrat speichern. Wird es aufgebraucht, muss es nachproduziert werden.

Das Problem mit zunehmendem Alter ist, dass die Forderung der Muskeln durch kurzzeitige und schwere Belastungen zurückgeht. Mit dem Eintritt in den Ruhestand geht der Anteil der körperlichen Arbeit zurück. Personen, die keine körperliche Arbeit und keinen kraftbetonten Sport ausgeübt haben, sind potenziell früher vom Muskelschwund betroffen. Wird nur einmal pro Woche oder Monat durch Zufall ein Gegenstand angehoben oder getragen, der einen an die Grenze der eigenen Kraft bringt, dann sind bei weitem nicht ausreichend Möglichkeiten geschaffen, um den Muskelschwund hinauszuzögern.

Bis hierhin stellen wir fest, dass der altersbedingte Muskelschwund aufgrund der fehlenden starken körperlichen Forderung in den Typ-2-Muskelfasern eintritt. Grund hierfür ist, dass die Reizübertragung zwischen den Nerven und den Muskeln nicht adäquat funktioniert. Da ATP, dessen Produktion durch körperlich starke und kurzfristige Belastung angeregt wird, auch für die Reizübertragung zwischen Nerven und Zellen verantwortlich ist, ist ein Schlüssel zu einem verzögerten Muskelabbau ein regelmäßiges Training der Typ-2-Muskelfasern.

3.1.1.2 Empfohlenes Muskeltraining zur Reduktion des Muskelschwunds

Eine körperlich starke und kurzfristige Belastung erfordert ein Training mit hohen Gewichten. Ein optimales Training, das diese Ansprüche erfüllt, jeder Person zugänglich ist und genug Sicherheit bietet, ist das Krafttraining mit Gewichten. Im Fitnessstudio finden sich sowohl Geräte als auch Freihanteln, die ein abwechslungsreiches und der individuellen Verfassung des Körpers angepasstes Training ermöglichen. Die These, sich im Alter schonen zu müssen, ist längst überholt, sollte sie einst überhaupt wissenschaftlich gegolten haben.

Doch was ist überhaupt eine schwere Belastung? Wo beginnt die Grenze, ab der Sie persönlich sagen können, dass das Training schwer genug ist, um die Typ-2-Muskelfasern angemessen zu fordern? Die Antwort auf diese Frage ist individuell. Um Ihnen eine Vorstellung zu geben, folgen zwei gegensätzliche Beispiele aus dem realen Leben.

Beispiel 1

Das erste Beispiel behandelt den Fall von Lieselotte Gärtner; einer Rentnerin, die große Probleme hat, sich aus dem Stuhl zu erheben. Sie nimmt zehn verschiedene Arten von Tabletten ein, unter denen keine den Mangel an Muskelkraft kompensieren und das Kraftpotenzial steigern kann. Aufgrund des eigenen Übergewichts und der geringen Muskelkraft ist bereits das Aufstehen aus dem Stuhl für Lieselotte Gärtner eine Belastung, die als kurz, schwer und somit den Typ-2-Muskelfasern zuzuordnen ist. Ihr wird zur Stärkung der Muskulatur eine Reha verordnet, im Rahmen derer sie – bei außenstehender Betrachtung – sehr einfache Übungen verrichtet: Neben dem Anheben der Arme im Sitzen und dem Prellen eines Balles in bestimmten Sitzhaltungen trainiert sie in einer Gruppe mit anderen Personen regelmäßig das Aufstehen und Hinsetzen. Durch diese Übungen werden in Gärtners Fall die Typ-2-Muskelfasern so weit trainiert, dass

Gärtner nach der Reha einen Kraftzuwachs verzeichnet. Vor der Reha brauchte sie mehrere Sekunden, um sich mühsam zu erheben. Dabei benötigte sie ihre Arme als Stütze und Hilfe. Nach der Reha steht sie ohne die Hilfe der Arme in zwei Sekunden dreimal auf und setzt sich hin. Es ist eine Vervielfachung der Muskelkraft, die sie im Hinblick auf den Muskelanteil und die Kraft verjüngt.

Die Geschichte von Lieselotte Gärtner wird zusammen mit den Geschichten anderer Rentner in der NDR-Dokumentation *Medikamente im Alter – Die unterschätzte Gefahr*[15] erzählt.

Beispiel 2

Der 65-jährige Josef ist Mitglied im Body Power Studio Weißenthurm. Er hat in den 1970er Jahren mit Bodybuilding begonnen und nach mehreren Jahren aufgehört. Im Laufe seines Lebens hat er immer wieder andere Sportarten ausgeübt, wobei ihn sein Weg stets zum Bodybuilding zurückführte. Er geht fünf Mal die Woche ins Fitnessstudio und hat einen Körper, der kräftiger ist als der der meisten Menschen. In seiner Lage würde ein Training wie bei Lieselotte Gärtner die Typ-2-Muskelfasern nicht angemessen fordern. Stattdessen muss Josef mit Gewichten arbeiten und ins Fitnessstudio gehen. Das macht er aber gern, um seine Form zu halten.

Ein Interview auf YouTube[16] mit dem Studiobetreiber des Fitnessstudios bietet einen authentischen Einblick in Josefs Alltag als fitten Rentner und verschafft einen Eindruck von seinem Körper.

Die individuelle Verfassung des Körpers bestimmt also über die Gestaltung des Trainings, um die Typ-2-Muskelfasern zu trainieren. Sollten Sie körperlich bedeutende Beschwerden (z. B. festgestellter Knochenverschleiß, Herz-/Kreislauferkrankun-

---

[15] https://www.youtube.com/watch?v=QvXxQRe1pfs
[16] https://www.youtube.com/watch?v=GDwIhB-YVa8

gen) oder derart starken Muskelschwund wie Lieselotte Gärtner im Beispiel 1 haben, dann ist vorab immer ein Gespräch mit einem Arzt notwendig. Dieser wird nach eigenem Ermessen Untersuchungen vornehmen oder Vorschläge fürs Training geben. Es ist empfohlen, sich für den Besuch beim Arzt vorzubereiten und das eigene Vorhaben zum Krafttraining mit Gewichten zu schildern.

Sollte keine ungewöhnliche Krankheitsgeschichte bei Ihnen vorhanden sein und sollten Sie sich im Großen und Ganzen wohlfühlen, dann steht einem sportlichen Engagement im Fitnessstudio nichts im Wege. Allgemeinhin wird dazu angeraten, mit 70 % der Maximalkraft bei jeder Übung zu trainieren. Klug ist in den ersten ein bis zwei Monaten ein Ganzkörpertraining, in den Folgemonaten werden die Muskelgruppen des Körpers auf zunächst zwei und nach einigen weiteren Monaten auf drei verschiedene Trainingstage gesplittet. Genaueres wird Ihnen Ihr Trainer im Fitnessstudio bei der Aufnahme der Übungen erklären. Auch ausführliche Anleitungen zur korrekten Ausführung der Übungen dürfen Sie im Fitnessstudio erwarten.

> **Erklärung**
>
> Bei der Maximalkraft handelt es sich um das höchste Gewicht, mit dem Sie maximal eine korrekte Ausführung einer Übung schaffen. Nehmen Sie davon 70 %, dann haben Sie Ihr Arbeitsgewicht fürs Training. Gelingt Ihnen am Lat-Zug (Gerät fürs Rückentraining) genau eine saubere Wiederholung mit 40 kg, dann nehmen Sie 70 % dieses Gewichts für Ihr Training. Da 40 kg x 0,7 = 28 kg ist, versuchen Sie, dieses Gewicht einzustellen. Gibt Ihnen das Gerät nur die Auswahl zwischen 25 und 30 kg, dann beginnen Sie sicherheitshalber mit 25 kg. Diese 25 kg stemmen Sie in drei Sätzen à 8 oder 10 Wiederholungen. Zwischen den Sätzen gibt es eine Pause von 60 bis 90 Sekunden.

Jede Person und jede Zielgruppe hat ihre eigenen Ziele beim Krafttraining. Während gesundheitlich uneingeschränkte Personen den Körper gleichmäßig und ohne Verzicht auf einzelne Muskelgruppen trainieren können, trainieren Personen mit körperlichen Einschränkungen mit einem besonderen Fokus. Das Positionspapier *Krafttraining mit Älteren und chronisch Kranken*[17] geht auf zwei mögliche Fälle ein, in denen ein fokussiertes Krafttraining erforderlich ist. Zum einen werden minderbelastbare Personen thematisiert, zum anderen Herzpatienten. Bei der Gruppe der minderbelastbaren Personen stünden folgende Ziele im Vordergrund:

Übergeordnete Ziele	Spezielle Ziele
Stabilisation des Körpergewichts während der Fortbewegung	Erwerb einer Kraftleistungsfähigkeit zur Überwindung des eigenen Körpergewichts
Optimierung der Belastbarkeit bei alltäglichen Aktivitäten	Stabilisation des Rumpfes
Sturzprävention	Verbesserung des Zusammenspiels zwischen Gehirn und Muskulatur (z. B. für bessere Koordination)
Erhalt der Muskelmasse	Optimierter Ablauf des Krafteinsatzes vom Anfang bis zum Ende der Extremitäten; also der Arme und Beine

Quelle: Krafttraining mit Älteren und chronisch Kranken (2003)[18]

Bei Herzpatienten unterscheidet sich das empfohlene Krafttraining kaum von dem junger und gesunder Personen, was allerdings mit der Art und dem Ausmaß der Herzerkrankung

---

[17] Mayer, F.; Gollhofer, A. et al.: Krafttraining mit Älteren und chronisch Kranken, 2003.
[18] ebenda

variiert. Die einzigen Unterschiede bei Herzpatienten sind eine reduzierte Intensität bei den Erhöhungen der Gewichte, ein geringerer Umfang an Übungen sowie eine intensive Überwachung der Patienten durch einen Facharzt, der bereits an der Entwicklung des Trainingsprogramms beteiligt ist.[19]

Schlussendlich steht die Erkenntnis, dass das empfohlene Muskeltraining zur Prävention bzw. Hinauszögerung des Muskelschwunds sich stets individuell nach der Person richtet. Gesunde Menschen ohne gravierende körperliche Einschränkungen erfahren im Fitnessstudio alles Wichtige zum Training bei den Trainern und machen dort die ersten Schritte im Krafttraining. Körperlich signifikant eingeschränkte oder kranke Menschen sind angehalten, zunächst den Arzt aufzusuchen. Eine Möglichkeit zur Aufnahme des Krafttrainings findet sich bei jeder Person.

3.1.1.3 Unterstützende Ernährung fürs Krafttraining

Bodybuilder und weitere Kraftsportler sind mit der Problematik von Diäten vertraut und kennen eine Grundregel: Bei einer Diät wird Masse insgesamt abgebaut, was neben dem gewünschten Fettverlust einen unerwünschten Verlust von Muskelmasse mit einschließt. Um dem Verlust an Muskelmasse vorzubeugen, wird die Intensität im Training eher gesteigert als gesenkt. Zudem liegt das Hauptaugenmerk mehr denn je auf einer eiweißreichen Ernährung, damit die Muskeln jederzeit genügend Eiweiß – den Baustoff für Muskulatur – zur Verfügung gestellt bekommen. Bei alternden Personen zeigen sich viele Parallelen in Relation zur Diät unter Bodybuildern:

- Durch den Muskelschwund muss verstärkt trainiert werden, um die Muskulatur zu halten.

---

[19] Mayer, F.; Gollhofer, A. et al.: Krafttraining mit Älteren und chronisch Kranken, 2003.

- Die Muskulatur verzeichnet einen höheren Bedarf an Eiweiß.
- Essenzielle Aminosäuren haben einen höheren Stellenwert.

Der erhöhte Bedarf an Eiweiß sowie die Wirksamkeit essenzieller Aminosäuren im Körper sind noch nicht vollends bewiesen, aber sie werden vermutet[20]. Ein im Alter wahrscheinlich erhöhter Proteinbedarf (= Eiweißbedarf) legt die Integration einer proteinreichen Mittagsmahlzeit in den täglichen Essensplan nahe. Dabei spielt nicht nur der Gehalt an Proteinen eine Rolle, sondern ebenso deren biologische Wertigkeit. Eiweiße von hoher biologischer Wertigkeit sind in Eiern, Fleisch und Fisch gegeben. Vegetarier und Veganer müssen auf Proteinquellen geringerer biologischer Wertigkeit zurückgreifen. Pflanzliche Produkte, wie z. B. Linsen, Bohnen und Tofu, sind in diesem Fall die Lösung. Des Weiteren macht eine Ergänzung der täglichen Ernährung um essenzielle Aminosäuren Sinn. Das Leucin, eine der acht essenziellen Aminosäuren, scheint für die Proteinbiosynthese im Alter besonders wichtig zu sein.[21] Essenzielle Aminosäuren lassen sich durch Nahrungsergänzungsmittel separat aufnehmen. Personen, die auf eine Supplementation verzichten möchten, sollten regelmäßig Fleisch, Fisch oder Eier konsumieren. Veganern und Vegetariern ist daher am meisten zu einer Nahrungsergänzung angeraten.

---

[20] https://www.thieme-connect.de/products/ejournals/abstract/10.1055/s-0029-1220334
[21] ebenda

> **Erklärung**
>
> Aminosäuren sind Bestandteile von Proteinen. Jedes Protein hat eine individuelle Zusammensetzung. Damit der menschliche Körper die Proteine verwerten kann, müssen sie mindestens die acht essenziellen Aminosäuren enthalten. Enthält ein Lebens- oder Genussmittel eine der acht essenziellen Aminosäuren nicht, dann ist das Eiweiß daraus für den Körper nicht verwertbar. Die höchsten biologischen Wertigkeiten haben tierische Lebensmittel, da der tierische Stoffwechsel eine dem Menschen ähnlichere Zusammensetzung als der pflanzliche Stoffwechsel hat.

Abschließend stellt sich die Frage, welche Menge an Eiweiß im Alter empfehlenswert ist. Sollten Sie das Krafttraining mit schweren Gewichten aufnehmen und an einer Hinauszögerung des Muskelschwunds interessiert sein, dann sind 1,5 bis 1,8 g Eiweiß pro kg Körpergewicht empfohlen. Sollten Sie sich trotz der zu erwartenden positiven Wirkung gegen ein Krafttraining entscheiden, dann ist angeraten, die Proteinzufuhr auf 1,3 bis 1,5 g pro kg Körpergewicht hochzufahren. Die Zahlen verstehen sich als Schätzungen, die Sie individuell auf Umsetzbarkeit überprüfen müssen. Mit diesen Zahlen wird unter Sportlern allerdings seit Jahrzehnten gearbeitet. Praktizieren Sie Krafttraining und wiegen 75 kg, dann nehmen Sie idealerweise 1,5 g/kg x 75 kg (1,8 g/kg x 75 kg), also 112,5 g (135 g) Eiweiß täglich zu sich. Den geringeren Wert können Sie wählen, wenn Sie übergewichtig sind und abnehmen möchten. Der höhere Wert ist bei Normalgewicht für einen erfolgreichen Muskelaufbau zu bevorzugen.

3.1.1.4 Fazit

In Kombination mit einem fordernden Krafttraining mit Gewichten oder an Geräten besteht die Möglichkeit, den Muskelschwund hinauszuzögern. Er kann soweit hinausgezögert werden, dass der Rückgang der Muskelmasse eine Zeit lang weitgehend unbemerkt bleibt. Gesunde Personen können sich im Fitnessstudio einen Trainingsplan vom Trainer entwerfen lassen. Personen mit einer Krankheitsvorgeschichte müssen zunächst den Arzt konsultieren. Anschließend wird ein Trainingsprogramm bestimmt, das an die individuelle körperliche und gesundheitliche Verfassung angepasst ist. Zur Unterstützung des Muskelerhalts bzw. Zugewinns an Muskulatur ist eine proteinreiche Mittagsmahlzeit angeraten. Eine zusätzliche Supplementation mit essenziellen Aminosäuren ist ebenfalls empfehlenswert. Zur Deckung des täglichen Proteinbedarfs sind 1,3 bis 1,8 g Eiweiß pro kg Körpergewicht einzunehmen.

3.1.2 Skelett

Das Skelett weist in den Grundzügen mehrere Gemeinsamkeiten zur Muskulatur auf. Denn es unterliegt wie die Muskulatur Erneuerungen und wird durch die passende Ernährung sowie Sport im Hinblick auf seine Gesundheit gefördert. Allerdings weichen die Art und Weise, wie es sich erneuert, und die Empfehlungen für Sport von den Ratschlägen für die Muskulatur ab. Auch die möglichen Alterskrankheiten sind andere als bei der Muskulatur.

3.1.2.1 Welche Probleme und Erkrankungen können im Alterungsprozess am Knochenskelett auftreten?

Eine populäre Alterskrankheit am Knochenskelett ist die Osteoporose, die in der Umgangssprache alternativ als Knochensubstanzverlust und Knochenschwund bezeichnet wird. Es kommt zur Osteoporose, wenn das Gleichgewicht zwischen Knochenabbau sowie -aufbau gestört ist. Für gewöhnlich findet nämlich ein permanenter Ab- und Aufbau von Knochenmasse statt. Für den Abbau sind die Osteoklasten verantwortlich, den Aufbau gewährleisten die Osteoblasten.[22] Dieser Vorgang findet statt, um den Körper regelmäßig neu an seine funktionellen Bedürfnisse anzupassen.[23]

Sind die funktionellen Bedürfnisse des Körpers gering, dann wird die Knochenmasse nicht regelmäßig gestärkt. Es kommt zu einem Missverhältnis zwischen Knochenabbau und -aufbau zugunsten des Knochenabbaus. Die Folge ist ein Verlust der Knochenmasse, eine damit einhergehende Schwächung der Knochen und eine erhöhte Gefahr für Brüche. Eine starke Belastung ist nach derzeitigem Stand der Wissenschaft **keine** Ursache für Osteoporose. Es gibt nur ein „zu wenig" bei der Bewegung. Alles, was sich darüber befindet, ist für die Knochen vorteilhaft und regt die Neubildung von Knochenmasse und Stärkung der Knochen an. Wenn vereinzelt in Personenkreisen behauptet wird, dass Osteoporose durch starke Belastung der Knochen entstanden ist, dann ist das schlichtweg falsch. Starke Belastung wird erst dann zu einem Risikofaktor für Osteoporose und andere Erkrankungen, wenn die Belastung falsch praktiziert wird. Häufig ist genau das der Fall, weswegen es im Volksmund heißt, man solle die Knochen schonen. Aber Knochen werden nur durch regelmäßige Forderung geschont. Beispiele für eine ungesunde Forderung der Knochen gibt es allem voran in Berufen mit hohen körperlichen Belastungen und bei langer Praxis von Sportarten mit falscher Technik.

Neben dem Faktor Bewegung existieren weitere Risikofaktoren für die Osteoporose:

- Defizite in der Ernährung: Knochen sind auf bestimmte Nährstoffe angewiesen, die als Baustoffe dienen und die Ressourcen zum Aufbau von Knochenmasse bereit-

---

[22] https://www.amboss.com/de/wissen/Knochengewebe
[23] https://www.medmix.at/knochenstoffwechsel-knochensubstanz/?cn-reloaded=1

stellen. Welche Nährstoffe das sind, wird in den Folgekapiteln thematisiert werden.
- Untergewicht: Analog zum ersten Stichpunkt ergibt sich mit dem Untergewicht die erste Konsequenz einer mangelhaften Ernährung. Denn wird zu wenig Nahrung eingenommen, nimmt auch die Knochendichte ab. So wird das Risiko von Osteoporose gesteigert.
- Nicht beeinflussbare Faktoren: Geschlecht, Lebensalter, Vererbung – all diese Aspekte lassen sich bei Geburt und mit Voranschreiten des Lebens nicht beeinflussen. Bei Frauen mit über 50 Jahren sind Osteoporose-Diagnosen um 18 % häufiger als bei Männern (Stand: 2019).[24]

Neben diesen Aspekten forscht die Wissenschaft an einer Reihe weiterer möglicher Ursachen für Osteoporose. Dabei kommen mit fortschreitenden Forschungen immer neue Erkenntnisse zum Vorschein. Demnach sei sogar eine Knochenschwächung durch Luftverschmutzung denkbar[25]. Das Ärzteblatt berichtet davon in Berufung auf zwei Studien. Feinstaub und Umweltschadstoffe würden die Bildung des Hormons Parathormon reduzieren. Dadurch steige das Risiko für osteoporotische Knochenbrüche.

Neben der Osteoporose ist die Arthrose eine im Alter mögliche Erkrankung. Bei der Arthrose erkranken die Knorpel im menschlichen Körper. Knorpel gehören gemeinsam mit den Knochen und den Zähnen dem Stützgewebe an. Je nach Art des Knorpels unterscheidet sich dessen Eigenschaft. Mit dem hyalinen Gelenkknorpel, dem Faserknorpel und dem elastischen Knorpel existieren drei verschiedene Knorpelarten. Die

---

[24] https://www.aerzteblatt.de/archiv/134111/Epidemiologie-der-Osteoporose-Bone-Evaluation-Study
[25] https://www.aerzteblatt.de/nachrichten/86824/Luftverschmutzung-schwaecht-die-Knochen

häufigste Art ist der hyaline Gelenkknorpel. Er bedeckt die Kontaktflächen der Gelenke und zeichnet sich durch eine hohe Belastbarkeit aus. Findet eine Belastung statt, dann pressen alle Knorpel Nährstoffe heraus, um Gelenkschmiere (Synovia ist der Fachterminus hierfür) zu bilden und damit die Gleitbewegungen zwischen einzelnen Gelenken zu dämpfen. Insbesondere beim hyalinen Gelenkknorpel ist diese Funktion wichtig, da er bei sämtlichen Kontaktflächen von Gelenken anzutreffen ist. Im Zuge starker Belastungen sorgt er durch die Gelenkschmiere somit für eine Schonung der Gelenke. Der Faserknorpel als weitere Knorpelart ist weniger bei Druck belastbar, hält dafür Zug- und Scherbewegungen besser stand. Folglich ist er in den Bandscheiben und Menisken, die Bewegungen dieser Art vermehrt ausgesetzt sind, vorhanden. Zuletzt ist der elastische Knorpel in den Ohrmuscheln und im Kehlkopf durch seine Elastizität der Grund dafür, weswegen Ohren und Kehlkopf eine gewisse Struktur und Festigkeit aufweisen, sich aber zugleich verformen lassen.[26]

Bei einer Arthrose verlieren die betroffenen Knorpel zunehmend ihre Eigenschaften und vollziehen eine Umwandlung zum Knochen. Die Knorpelsubstanz wird zerstört, wobei Knorpelzellen entweder absterben und komplett beseitigt werden oder sich einzelne Knorpelzellen in Knochenzellen umwandeln. Ersterer Fall führt zu Schmerzen bei Belastung und zunehmendem Gelenkverschleiß, letzterer Fall hat dieselben Folgen und geht mit einer Abnahme an Beweglichkeit einher. Denn wird ein zuvor elastischer Knorpel durch festen Knochen ersetzt, dann ist die Beweglichkeit reduziert. Vereinzelt sind knöcherne Ausläufer an den Seiten der Gelenke sichtbar. So wird die Arthrose für Außenstehende ersichtlich. Insbesondere an den Händen manifestiert sich Arthrose in der Optik deutlich.

---

[26] Colshorn, T.: Anatomie, 2018.

Die möglichen Ursachen einer Arthrose sind denen einer Osteoporose ähnlich. Da auch Knorpel einem ständigen Auf- und Abbau unterliegen, ist die Verfügbarkeit von Nährstoffen ein essenzielles Kriterium für eine Balance zwischen Auf- und Abbau. Auch die Gene definieren das Auftreten einer Arthrose entscheidend. Falsche Belastung beeinflusst den Knorpelabbau ebenfalls. Was im Gegensatz zu einer Osteoporose als potenzielle Ursache neu hinzukommt, ist die Häufigkeit und Intensität von Belastungen: Während bei der Osteoporose ein „zu viel" oder „zu stark" hinsichtlich der Belastung kein Kriterium war, ist bei den Knorpeln das Gegenteil der Fall. Die Knorpel sondern zwar Gelenkschmiere ab, um Stöße zu dämpfen, und neutralisieren eine Zeit lang die Belastung, die auf die Gelenke wirkt. Allerdings nehmen sie nur in Phasen der Entlastung Flüssigkeit und Nährstoffe auf. Daraus folgt, dass eine starke und häufige Belastung per se nicht schädlich für den Knorpel ist, sofern ausreichend Regenerationsphasen vorhanden sind. Ist dies nicht der Fall, kann der Knorpel bei der nächsten Belastungsphase nicht ausreichend Gelenkschmiere absondern und die Gelenke werden in Mitleidenschaft gezogen. Leistungs- und Berufssportler, die in ihrer aktiven Zeit fast täglich trainieren, sind diesem Risiko verstärkt ausgesetzt.

Wenngleich sich bei den Ursachen der Arthrose ein scheinbar klares Bild ergibt, ist nach heutigem Stand der Wissenschaft die Tatsachenlage weitaus komplexer. Früher unterteilte die Medizin in sekundäre Arthrosen, falls die Ursache der Arthrose ermittelbar war, und in idiopathische Arthrosen, falls die Ursache unklar war. Heute ist klar, dass eine unberechenbare Menge an Risikofaktoren auf die Knorpel einwirkt, sodass sämtliche Ursachen in ihrer kompletten Menge nicht definierbar sind. Letztlich entscheidet eine Minimierung der bekannten

Risiken darüber, inwiefern die Balance zwischen Zersetzungs- und Reparatureinflüssen bei Knorpeln bestehen bleibt.[27]

Widmen wir uns der letzten zu betrachtenden Gelenkerkrankung, die ebenfalls bei den Knorpeln ansetzt, nämlich der Arthritis. Mit dem Thema Arthritis wird auch die Beschwerde Rheuma abgedeckt, da Rheuma nichts anderes als eine Art der Arthritis ist. Es wird zwischen folgenden Arten von Arthritis unterschieden:

- Rheumatoide Arthritis (Rheuma)
- Bakterielle Arthritis
- Postinfektiöse Arthritis
- Arthritis bei Stoffwechselstörungen

Quelle: gelenk-klinik.de[28]

Sämtliche Arten der Arthritis lassen sich nur bedingt von der betroffenen Person beeinflussen oder vermeiden. Sie können bereits bei jungen Personen eintreten. Da eine Arthritis im betagten Alter häufiger vorkommt als im jungen Erwachsenenalter, wird die Erkrankung als klassische Alterskrankheit bewertet. Nichtsdestotrotz lässt sich nicht leugnen, dass es eine Erkrankung ist, die nicht rein vom Alter abhängig ist und sowohl bei jungen als auch alten Personen dieselben Folgen haben und jederzeit eintreten kann.

Die bakterielle Arthritis tritt durch eine Infektion mit Bakterien ein, die infolge von Operationen, Injektionen und Verletzungen

---

[27] https://www.uniklinikum-dresden.de/de/das-klinikum/kliniken-polikliniken-institute/ouc/krank-und-verletzt-patienteninformation/huefte/die-arthrose-des-hueftgelenkes/ursachen-und-verlauf-einer-hueftgelenk-arthrose

[28] https://gelenk-klinik.de/gelenke/arthritis-ursachen-symptome-und-behandlung.html

bis zum Knorpel und den Gelenken gelangen können. **Chancen zur Verhinderung?** Kaum realistisch, da jedes der genannten Risiken im Leben eines Menschen mehrmals eintreten kann.

Eine postinfektiöse Arthritis erfolgt nach Infektionen, wobei die Breite an möglichen Infektionen unberechenbar ist: Von Harnwegsinfektionen bis hin zu Atemwegsinfektionen. **Chancen zur Verhinderung?** Ebenfalls kaum vorhanden, da Infektionen selbst bei dem vorsichtigsten Lebensstil vorkommen können. Aktuelles Beispiel ist das Coronavirus, das ahnungslose Menschen auf der gesamten Welt traf und noch trifft (Stand: Februar 2020).

Bei der Arthritis bei Stoffwechselstörungen treten Parallelen zur postinfektiösen Arthritis auf, da in beiden Fällen die Entzündung vom Knochen auf das Gelenk übergeht. Man fasst beide Arten der Arthritis deswegen unter dem Begriff Osteoarthritis zusammen.[29] Stoffwechselerkrankungen, auf die das zutreffen kann, sind die Gicht und Diabetes. **Chancen zur Verhinderung?** Je nach Stoffwechselerkrankung lassen sich die Risiken für Arthritis infolge von Stoffwechselerkrankungen senken. Handelt es sich um den von einer zuckerreichen Ernährung verursachten Typ-2-Diabetes, dann liegt die Verantwortung für das Arthritis-Risiko bei der Person, die sich zuckerreich ernährt hat. Eine zuckerarme Ernährung ist zu bevorzugen. Gicht ist eine Stoffwechselerkrankung, die durch häufigen Konsum von Fleisch und Innereien entsteht. Zudem fördern Alkoholkonsum, Übergewicht und körperliche Überanstrengung die Entstehung von Gicht. Schlussendlich lassen sich die Risiken zur Arthritis bei Stoffwechselstörungen senken, aber nicht komplett beseitigen.

---

[29] https://gelenk-klinik.de/gelenke/arthritis-ursachen-symptome-und-behandlung.html

Betrachten wir zuletzt die rheumatoide Arthritis: Hierbei handelt es sich um eine Autoimmunerkrankung. Bei einer Autoimmunerkrankung richtet sich das Immunsystem gegen das körpereigene Gewebe. Im Gegensatz zu der vereinzelt in der Bevölkerung kursierenden Behauptung, Rheuma entstünde durch Kälte, geben die Fakten ein anderes Bild ab. Denn wieso sich das Immunsystem gegen den eigenen Körper richtet, ist sogar nach intensiven Forschungen nicht bekannt.[30] Bei einer rheumatoiden Arthritis manifestiert sich eine Schleimhautschwellung am entzündeten Gelenk. Durch einen Wucherungsprozess bildet die Schleimhautschwellung eine zunehmende Menge an knorpel- und knochenschädigenden Substanzen. Ohne Behandlung führt dieser Ablauf zu einer kompletten Zerstörung des Knorpels und des Knochens, sodass die Gelenke funktionsuntüchtig werden. **Chancen zur Verhinderung?** Da die Ursachen für eine rheumatoide Arthritis ungeklärt sind, gibt es auf dem Faktenblatt keine Chancen zur Verhinderung der Erkrankung. Allerdings lohnt es sich, einen allgemein gesunden Lebensstil zu pflegen, wie er im Verlaufe dieses Kapitels geschildert wird.

3.1.2.2 Wichtigste Maßnahmen zur Erhaltung der Gesundheit des Skeletts

Zu den wichtigsten Maßnahmen zur Erhaltung der Gesundheit des Skeletts gehören, wie bereits bei der Muskulatur, die Bewegung sowie die Ernährung. Die Art der Bewegung ist flexibler auslegbar als bei der Muskulatur. Denn das Skelett profitiert von jedweder Art von Bewegung. Es ist im Gegensatz zu den im Alter schwindenden Typ-2-Muskelfasern nicht auf eine starke kurzfristige Belastung angewiesen, sondern benötigt eine funktionelle Forderung. Diese ist durch jede Art von regelmäßiger Bewegung gegeben:

---

[30] https://www.internisten-im-netz.de/krankheiten/rheumatoide-arthritis/ursachen-risikofaktoren/

- Joggen
- Fahrradfahren
- Gymnastik
- Kraftsport
- Schwimmen
- Kampfsport
- Wandern
- Wintersport
- Ballsport

Es existieren Sportarten, die mit einem höheren bzw. geringeren Risiko für Erkrankungen des Knochenskeletts in Verbindung gebracht werden. Joggen und Kampfsport charakterisieren sich durch starke Belastungen der Gelenke. Beim Kampfsport sind die einzelnen Techniken sowie die Stürze und Schläge dafür verantwortlich, beim Joggen ist es die „sprunghafte" Belastung. Man spricht davon, dass beim Joggen das Zwei- bis Dreifache des eigenen Körpergewichts auf den Gelenken lastet. Geht man von einer 80 kg schweren Person aus, dann lastet beim Joggen ein Gewicht von 160 bis 240 kg auf den Gelenken der Person. Weil Joggen über einen längeren Zeitraum erfolgt, macht sich bei einer Dauer von beispielsweise einer halben Stunde die Belastung von 160 bis 240 kg bemerkbar. Zum Vergleich der argwöhnisch und als belastend betrachtete Kraftsport: Wer hier mit 30 kg Zusatzgewicht eine Kniebeuge macht, tut dies meist nicht mit 160 bis 240 kg Gesamtbelastung. Selbst wenn ein höheres Gewicht verwendet wird, findet die Belastung über einen Zeitraum von wenigen Sätzen mit Pausen zwischendurch statt. Die Wiederholungen an sich verlaufen kontrolliert. Es lässt sich also konstatieren, dass es Sportarten gibt, die für das Skelett mit geringeren Risiken von Erkrankungen einhergehen, und Sportarten, die höhere Risiken aufweisen.

Empfohlene Sportarten	Zu differenzierende Sportarten	Riskante Sportarten
Fahrradfahren	Wintersport	Joggen
Gymnastik	Ballsport	Kampfsport
Kraftsport		
Schwimmen		
Wandern		

Zu differenzieren sind der Winter- und Ballsport. Wintersport, der weitestgehend statisch ist, wie beispielsweise Skifahren und Snowboarden, ist für die Gelenke unbedenklich. Skispringen wiederum ist als riskant einzustufen. Beim Ballsport stellt sich die Frage nach dem Ausmaß der läuferischen Arbeit. Riskant belastend für die Gelenke sind Fußball und Basketball. Unbedenklich dagegen sind Wasserball und Golf.

Bedeutet das nun, dass Fußball, Joggen und Kampfsport zu meiden sind? Menschen, die keine Osteoporose, Arthritis, Arthrose oder andere Erkrankungen des Knochenskeletts aufweisen, sind in Bezug auf die Auswahl der Sportarten weitestgehend frei. Komplexer wird es bei Personen mit körperlichen Einschränkungen und diagnostizierten Skeletterkrankungen. Analog zum Muskeltraining sind Rücksprachen mit dem Arzt und ein individuell angepasster Trainingsplan erforderlich. Bei Personen mit Osteoporose greift die Sekundärprävention. So nennt man die Maßnahmen bei einer bereits diagnostizierten Osteoporose, um die Krankheit zu lindern. Unter diese Maßnahmen fallen – sofern noch keine Knochenbrüche vorhanden sind – solche, die der Prävention des Sturzrisikos dienen. Allem voran Hüftbrüche in hohem Alter steigern die Wahrscheinlichkeit für eine erhöhte Morbidität. Neben der Senkung eines Sturzrisikos wird Gehtraining praktiziert. Ein auf die alltäglichen Herausforderungen angepasstes und vorbereitendes Trainingsprogramm wird ebenfalls vorgenommen. Auch bei Osteoporose-Patienten lässt sich die Knochendichte und somit der Gesundheitszustand im Falle einer frühen Diagnose noch optimieren. Nach erfolgter Optimierung des Zustandes ist der Übergang zu konventionellen Sportarten mit weniger Monitoring und mehr Individualität möglich.

Arthrose-Patienten haben für gewöhnlich mehr Freiräume bei den sportlichen Aktivitäten, sind allerdings zu einer vorigen Absprache mit dem Arzt angehalten. Bei Arthritis sind sportliche Aktivitäten zunächst zu meiden. Meistens erfolgt eine operative Beseitigung der Arthritis, woraufhin mit dem behandelnden Arzt ein individuelles Trainingsprogramm entwickelt wird.

Ob gesund, mit leichten oder starken Einschränkungen oder gar Erkrankungen: Wichtig ist letzten Endes eine kluge Durchführung der sportlichen Aktivitäten. Dazu sollten Sie in Ihrer Praxis folgendes berücksichtigen:

1. Wärmen Sie sich vor dem Training 15 bis 20 Minuten auf. In dieser Zeit bildet sich die Synovia und gewährleistet einen adäquaten Schutz der Gelenke. Wärmen Sie immer in erster Linie die Muskeln auf, die Sie trainieren. Beispiel: Trainieren Sie im Fitnessstudio den Oberkörper, aber wärmen sich nur am Laufband auf, dann ist der Oberkörper vernachlässigt. Ein adäquates Aufwärmen für den Oberkörper ist mit einer moderaten Belastung des Oberkörpers verbunden, die beispielsweise der Crosstrainer beinhaltet.
2. Gewährleisten Sie ausreichend Regenerationszeit. Was ausreichend Regeneration ist, bemisst sich am Trainingslevel und der körperlichen Konstitution. Grundsätzlich sollte nie trainiert werden, wenn der Körper einen Muskelkater hat, da die Muskulatur sich im Regenerationszeitraum befindet. Das Skelett könnte in dieser Phase mit zu wenig Nährstoffen versorgt werden. Sofern kein Muskelkater gegeben ist, empfehlen

sich für geforderte Muskeln und Gelenkpartien zu Beginn der regelmäßigen sportlichen Aktivität zwei Tage Pause, bei regelmäßigem Training sollte ein Tag Pause ausreichen. Nähere Anweisungen gibt der Trainer im Fitnessstudio.
3. Korrekte Übungsausführung, Atmung und Trainingsausrüstung beachten. Jede Sportart hat Ansprüche an die Richtigkeit der Ausführung. Gleiches trifft auf Atmung und Trainingsausrüstung zu. Schaffen Sie sich vor dem Joggen Laufschuhe an und lassen Sie sich beim Kauf professionell beraten. Eine solche Beratung ist vor Ort im Fachgeschäft kostenlos. Über Übungsausführung und Atmung wachen die Trainer in Vereinen und öffentlichen Einrichtungen. Beim Training ohne Trainer sind Fachbücher und Tutorials im Internet eine Hilfestellung zur korrekten Praxis.

Diese Maßnahmen zum korrekten Training werden durch eine Ernährung ergänzt, die dem Skelett die zum Erhalt der Gesundheit erforderlichen Nährstoffe bereitstellt. Bei einer Arthritis, die mit Sport nicht therapiert wird, lässt sich immerhin durch die Befolgung gewisser Richtlinien in der Ernährung der Zustand einer betroffenen Person verbessern.

Allgemeingültig sind die folgenden Schwerpunkte bei der Ernährung, um die optimalen Voraussetzungen für eine hohe Knochendichte mit starken Knochen zu schaffen:

- Kalziumzufuhr
- Vitamin-D-Zufuhr
- Eiweißzufuhr

Während im Kapitel über die Muskulatur noch zur Nahrungsergänzung durch zusätzliche essenzielle Aminosäuren geraten wurde, wird an dieser Stelle strikt von der Nahrungsergänzung durch Kalzium- und Vitamin-D-Tabletten abgeraten. Es hat sich bei älteren Menschen vereinzelt etabliert, Kalzium- und Vitamin-D-Tabletten zu sich zu nehmen, um sich im Alter gegen Mangelerscheinungen zu schützen. Insbesondere die Kalzium-Tabletten scheinen zur Prävention bzw. Linderung von Knochenerkrankungen beliebt zu sein. Studien belegen jedoch einen Anstieg des Risikos für Herzinfarkte und Gefäßerkrankungen im Herzen durch eine Überdosierung mit Kalzium.[31] Eine Überdosierung ist durch Präparate möglich, die Kalzium in hohen Konzentrationen aufweisen. Gemutmaßt wird, dass ein dauerhaft erhöhter Kalziumspiegel die Einlagerung von Kalziumphosphaten in den Blutgefäßen des Herzens begünstigt. Auch bei einer Supplementation von Vitamin D ergeben sich Risiken durch Überdosierung. Eine Überdosierung ist nur durch Präparate möglich und kann zu Übelkeit, Erbrechen, Nierensteine, Nierenversagen, Nervosität, Kopfschmerzen und weitere Nebenwirkungen führen.

Nachdem die Gründe erörtert wurden, weswegen weder Kalzium noch Vitamin D supplementiert werden sollte, betrachten wir die Funktion der beiden Nährstoffe und ebenso die des Eiweißes, welches für die Knochen als Baustein wichtig ist. Abschließend werfen wir einen Blick auf die natürlichen Quellen für die genannten Nährstoffe.

Eine Aufgabe des Kalziums besteht in der Stabilisierung der Knochen und Zähne. Nahezu 100 % des Kalziums sind hier gespeichert. Darüber hinaus fungiert der Nährstoff Kalzium in der Signalübermittlung innerhalb von Zellen und leitet Reize vom Nervensystem weiter. Auch bei der Blutgerinnung kommt dem Kalzium eine Bedeutung zu. Die DGE (Deutsche Gesellschaft

---

[31] https://www.aerztezeitung.de/Medizin/Zu-viel-Kalzium-schadet-dem-Herzen-289371.html

für Ernährung) empfiehlt Erwachsenen eine Kalziumzufuhr von 1.000 mg pro Tag über die Nahrung.[32]

Vitamin D erweist sich als ein interessantes Vitamin. Fachlich korrekt betrachtet handelt es sich nämlich um kein Vitamin, sondern um ein Prohormon. Prohormone sind Vorläufer von Hormonen, die ihre Wirkung beim Eintritt in den Stoffwechsel entfalten, sobald sie dort in Hormone umgewandelt werden. Das Vitamin D, auch Vitamin D3, Calciferol, Calciol und Cholecalciferol genannt, ist ein solches Prohormon und kann neben der Aufnahme über die Nahrung bei ausreichend Sonnenlicht vom Körper selbst hergestellt werden. Da es in den Breitengraden Mitteleuropas nur in vier bis sechs Monaten des Jahres ausreichend Sonnenstrahlung gibt, tritt im Winter eine Phase des häufigen Vitamin-D-Mangels ein. Da Vitamin D u. a. die Aufnahme von Kalzium fördert, ist es für die Knochengesundheit unverzichtbar. Neben den Nahrungstipps im weiteren Verlauf gilt es, im Alter die Sonnenzufuhr nicht zu scheuen. Ein wohl dosierter Aufenthalt in der Sonne ist der Vitamin-D-Generierung durch den Körper äußerst zuträglich. Zwischen 20 und 30 Minuten tägliche Sonnenzufuhr für Gesicht, Arme und Beine werden empfohlen. Die propagierten Risiken einer Hautkrebs-Entstehung halten Faktenüberprüfungen meistens nicht stand. Dennoch existieren Hautrisiko-Typen, weswegen sich die Rücksprache mit einem Hautarzt empfiehlt, falls Sie eine Krankengeschichte in Bezug auf Ihre Haut haben.

Nahrungseiweiß ist zur Förderung des Knochenaufbaus erforderlich. Die darin enthaltenen Aminosäuren werden zur Synthese verschiedener intra- und extrazellulärer Proteine sowie stickstoffhaltiger Komponenten benötigt. Nahrungseiweiß wird zudem eine Stimulation der Leberzellen nachgesagt, die

---

[32] https://www.dge.de/wissenschaft/weitere-publikationen/faqs/calcium/dge.de/wissenschaft/weitere-publikationen/faqs/calcium/

zur Bildung des Wachstumshormons IGF-1 beitrage. Das Hormon beeinflusse den Prozess der Knochenmineralisierung positiv.[33] Da die Bedeutung des Eiweißkonsums bereits im Zusammenhang mit der Muskulatur im Unterkapitel 4.1.1.3 hinlänglich erläutert wurde, wird an dieser Stelle darauf kein Bezug mehr genommen. Das zum Muskelaufbau in den empfohlenen Mengen eingenommene Eiweiß wird auch für den Knochenaufbau im Körper verwendet.

Betrachten wir zum Abschluss dieses Unterkapitels die geeigneten Quellen für eine optimale Zufuhr an Kalzium, Vitamin D und Eiweiß, damit Ihnen die praktische Umsetzung der Ernährungstipps leichter fällt:

Kalziumquellen	Vitamin-D-Quellen	Proteinquellen
Milch und Milchprodukte (Quark ist eine Ausnahme)	Fettreicher Fisch (z. B. Hering, Lachs, Makrele)	Hühnerei
Brokkoli	Hühnereigelb	Fleisch
Grünkohl	Champignons	Fisch
Rucola	Rinderleber	Milch und Milchprodukte
Mineralwasser	Goudakäse	Linsen
Einige Nussorten (z. B. Haselnuss, Paranuss)	Butter	Bohnen

Vermeiden sollten Sie rotes Fleisch. Grund dafür sind die darin enthaltenen Omega-6-Fettsäuren, worunter allem voran die Arachidonsäure fällt. Im Stoffwechsel werden aus der Arachidonsäure entzündungsfördernde Substanzen freigesetzt. Dies begünstigt einerseits die Entstehung von Knochenerkrankungen, andererseits verschlimmert es den Zustand, wenn sich Er-

---

[33] Bonjour, J.-P.: Proteinzufuhr und Knochengesundheit, 2011.

krankungen wie Rheuma und Arthrose bereits etabliert haben. Meiden Sie daher Schweineschmalz und fettreiche Wurst- sowie Käsesorten.[34]

> **Hinweis!**
> Auch in Eiern befindet sich Arachidonsäure. Aber weil Eier Proteine mit der höchsten biologischen Wertigkeit enthalten und ein integraler Bestandteil vieler Gerichte sowie Desserts sind, ist empfohlen, nicht komplett auf den Konsum von Eiern zu verzichten. Stattdessen ist eine Einschränkung auf eine Menge von fünf bis zehn Eiern pro Woche empfohlen..

Im Gegensatz zu den Omega-6-Fettsäuren gibt es aber auch mehrere Arten von Fettsäuren, die die Gesundheit fördern. Dazu gehören die Omega-3-Fettsäuren, denen eine entzündungshemmende Wirkung zugesprochen wird. Omega-3-Fettsäuren sind in fettreichem Meeresfisch und in pflanzlichen Ölen enthalten.

3.1.2.3 Zusätzliche Maßnahmen zur Förderung der Gesundheit des Skeletts

Neben Bewegung und Ernährung als wichtigste Maßnahmen zur Förderung der Skelettgesundheit existieren weitere potenziell positive Einflussfaktoren. Sie sind wissenschaftlich nur bedingt bis gar nicht als ein Mittel zur Optimierung der Knochengesundheit angeführt. Da an den Vermutungen der Mediziner einiges dran zu sein scheint und die Maßnahmen ohnehin zu einem gesunden Lebenswandel dazugehören, werden sie in Kürze vorgetragen. Im Verlaufe dieses umfangreichen Kapitels

---

[34] https://gelenk-klinik.de/gelenke/arthritis-ursachen-symptome-und-behandlung.html#behandlung

werden sie an anderen Stellen und in fundierteren Kontexten nochmals Anklang finden.

Stressreduktion
Rheumatoide Arthritis kann unter Umständen durch psychischen Stress entstehen bzw. gefördert werden. Wissenschaftler haben festgestellt, dass viele Autoimmunerkrankte (Erinnerung: Rheumatoide Arthritis ist eine Autoimmunerkrankung) über Stress im beruflichen sowie privaten Alltag klagten. Sie schlossen daraus, dass der Einfluss von Stress über die Psyche hinaus gehe und die Aktivität der Immunzellen, die Darmgesundheit und durch Hormone gesteuerte regulatorische Prozesse im Körper derart negativ beeinflusse, dass es zu einer Arthritis führen könne.[35]

Kälte meiden
Kälte ist der Aspekt, der am widersprüchlichsten erscheint. Einerseits besteht kein wissenschaftlich fundierter Hinweis auf den schädigenden Einfluss von Kälte auf das Skelett. Andererseits wird eine Kältetherapie, je nach individueller Lage beim Patienten, sogar angewandt, um Schmerzen bei Arthrose zu lindern. Vermehrt wird aus Gesprächen mit von Gelenkerkrankungen betroffenen Personen allerdings die Erkenntnis gezogen, dass sich bei Kälte die vorhandenen Beschwerden eher verschlimmern. Darüber hinaus ist erwiesen, dass bei Kälte die Durchblutung im Körper zurückgeht. Dies ist ein Indiz für eine Reduktion des Knochenstoffwechsels. Ein dem Wetter angemessener Kleidungsstil sollte also Einzug halten, zumal dadurch das Risiko für Erkältungen und Infektionen zurückgeht. Weil im gehobenen Alter die Infektanfälligkeit steigt, wird durch eine warme Kleidung an kalten Tagen in vielerlei Hinsicht präventiv eingeschritten. Denn das Risiko einer Lungenentzündung im gehobenen Alter wiegt schwer. Im Alter fällt

---

[35] https://autoimmunportal.de/rheumatoide-arthritis-ursachen/

die Morbiditätsrate bei einer Lungenentzündung höher aus als bei jungen Menschen. Gleiches trifft auf die Grippe zu.[36]

Hormonspiegel berücksichtigen
Bei Frauen ergibt sich während der Wechseljahre ein erhöhtes Risiko zur Erkrankung an Osteoporose. Nach Schätzungen des Bundesselbsthilfeverbands für Osteoporose e. V. ergibt sich für 30 % der Frauen die Wahrscheinlichkeit einer Osteoporose-Erkrankung.[37] Während der Östrogenspiegel zuvor etwa um 1 % pro Jahr fällt, sind es nach den Wechseljahren knapp 4 % pro Jahr. Während Männer zwischen dem 40. und 70. Lebensjahr 20 % ihrer früheren Knochenmasse verlieren, beläuft sich der Verlust der Knochenmasse bei Frauen auf 40 %.[38]

> **Erklärung**
> Östrogen ist ein Oberbegriff, unter dem die wichtigsten weiblichen Sexualhormone zusammengefasst werden. Häufig wird er in der Einzahl als ein Hormon verwendet, was fachlich nicht korrekt ist, aber sich etabliert hat und auch in diesem Buch angewandt wird. Das Östrogen hemmt die abbauenden Prozesse der Osteoklasten. Geht der Östrogenspiegel zurück, dann verändert sich die Balance zwischen ab- und aufbauenden Prozessen zulasten der aufbauenden Prozesse.

Zwar profitieren Frauen von regelmäßiger Bewegung und vollwertiger Ernährung, aber es besteht bei einer Untersuchung des Hormonspiegels beim Arzt auch die zusätzliche Option einer Hormonersatztherapie. Es hat sich gezeigt, dass eine Hor-

---

[36] https://www.aerzteblatt.de/nachrichten/99077/Geriater-warnen-vor-Pneumonie-bei-aelteren-Menschen

[37] https://www.osteoporose-deutschland.de/wp-content/uploads/2015/05/OstWechseljahre1.pdf

[38] ebenda

monersatztherapie das Potenzial hat, die Osteoporose hinauszuzögern bzw. zu verhindern, wenngleich dies mit Nachteilen einherging. Ein gesteigertes Risiko für Brustkrebs und Erkrankungen der Herzgefäße waren in einer Studie der *Women's Health Initiative* (WHI) die Folgen.[39] Es ist vorteilhaft, zunächst mit Bewegung und Ernährung einzuschreiten, sofern sich erste Anzeichen einer Osteoporose manifestieren. Sollten diese Maßnahmen nicht den gewünschten Effekt bringen, kann mit dem Arzt über den Sinn einer Hormonersatztherapie gesprochen werden.

3.1.2.4 Fazit

Das menschliche Skelett unterliegt einem permanenten Auf- und Abbau der Knochenmasse. Über das gesamte Leben hinweg ist eine Balance des Auf- und Abbaus sicherzustellen. Dies erfolgt am besten über eine Ernährung, die den Tagesbedarf an Eiweiß, Kalzium und Vitamin D deckt, sowie über reichlich sportliche Betätigung. Um Regenerationsphasen zu ermöglichen, in denen die Knorpel Nährstoffe aufnehmen und die Knochen gestärkt werden, ist eine regelmäßige Trainingspause einzulegen. Als Sportarten empfehlen sich bei Personen ohne Knochenerkrankungen alle erdenklichen, wobei der Kampfsport, Ballsport und das Joggen mit Vorsicht zu genießen sind. Am besten eignen sich gelenkschonende Sportarten wie das Schwimmen, Fahrradfahren oder die Gymnastik. Aber auch der Kraftsport erweist sich bei korrekter Übungsausführung als optimal zur Stärkung der Knochen. Personen mit einer Krankheitsvorgeschichte und bestehenden Gelenk- bzw. Knochenerkrankungen sprechen das sportliche Programm mit dem Arzt ab.

---

[39] JAMA: Risks and benefits of estrogen plus progestin in healthy postmenopausal women, 2002.

3.1.3 Haut und Haare

In diesem Unterkapitel über die Haut und die Haare im Wandel des Alterns begegnen wir dem ersten komplexeren Fall dieses Kapitels. Denn bei Haut und Haaren ist die Aussicht auf eine Verlangsamung des Alterungsprozesses geringer als bei der Muskulatur und dem Skelett. Da die Alterung der Haare keine Auswirkungen auf die Gesundheit nimmt, geht es vielmehr darum, das neue Aussehen zu akzeptieren und mit den Veränderungen zu leben. Die Hautalterung kann unter Umständen gesundheitliche Auswirkungen haben, wobei sich diese gut kontrollieren lassen und die Haut zu 80 % Spielräume für eine Verlangsamung des Alterungsprozesses bietet. Somit sind Haut und Haare während des Alterns ein Wechselspiel von Akzeptanz und Gegenmaßnahmen.

3.1.3.1 Haut: Woher die Falten und die Erschlaffung kommen, was sich dagegen tun lässt

Die Haut ist ein Organ, welches das Innere des Menschen von der Außenwelt trennt. In dieser Rolle und Position ist die Haut von Natur aus einer derart starken Belastung ausgesetzt, dass sich Alterserscheinungen nicht so effektiv verlangsamen lassen wie bei der Muskulatur und dem Skelett. Der mutmaßlich stärkste Einfluss auf die Hautalterung ist jedoch einer, dem auch der Rest des Körpers ausgesetzt ist: Freie Radikale.

Freie Radikale sind Sauerstoffverbindungen, die im Zuge des menschlichen Stoffwechsels entstehen. Die Entstehung der freien Radikale lässt sich nicht unterbinden, aber deren Konzentration immerhin senken. Faktoren wie Rauchen, UV-Strahlung, Stress und Schlafmangel begünstigen die Vermehrung freier Radikale. Werden diese Faktoren gemieden, dann sind die Voraussetzungen für ein Entstehen der freien Radikale in hoher Konzentration schlechter.

> **Erklärung**
>
> Freie Radikale sind schädlich, weil sie die menschliche Zellstruktur schädigen. Im schlimmsten Fall greifen sie in die DNA ein und erhöhen das Krebsrisiko erheblich. Die Schädigung der Zellstrukturen lässt einerseits die Haut altern, andererseits Krankheiten entstehen. Eine solche Schädigung von Zellstrukturen bewirken die Radikale, indem sie gemeinsam mit den ROS (Oxidantien) das Redox-Gleichgewicht der Zellen verändern. Die Signalwege der Zellen reagieren empfindlich darauf, was eine Veränderung der Gene verursacht. Dadurch werden bisherige Strukturen geändert: Im Falle der Haut treten Falten und Altersflecken ein.

Offen gestanden lassen sich die genannten Faktoren für einen Anstieg der Konzentration freier Radikale – Rauchen, UV-Strahlung, Stress, Schlafmangel – kaum umgehen. Wer sich nachts um sein Baby, das nicht einschlafen konnte, kümmern und am nächsten Morgen zur Arbeit musste, wird bestens mit dem Schlafmangel vertraut sein. Die Unternehmer unter den Lesern werden sich womöglich zurückerinnern, dass ein leidenschaftlich geführtes Unternehmen mehrere Nachtschichten in der Aufbauphase in Anspruch nimmt. Das Rauchen immerhin lässt sich vermeiden. Anders ist es wieder mit der UV-Strahlung: Ein Leben unter Entzug von Sonnenstrahlung wäre womöglich im Hinblick auf die Vermehrung freier Radikale förderlich, aber für die Bildung des Vitamins D kontraproduktiv. Gesetzt dem Fall, Sie würden es hinbekommen und tatsächlich in die Tat umsetzen, all diesen Dingen auszuweichen, wären womöglich die freien Radikale in ihrer Konzentration minimiert, aber sie würden nach wie vor in ausreichender Menge vorhanden sein, um die Haut altern zu lassen.

Der Schlüssel zu einer Verlangsamung der Hautalterung ist also weniger die Enthaltsamkeit in Sachen Nachtschichten, Sonnenbäder und/oder Stress. Vielmehr muss die Menge an Antioxidantien, die die freien Radikale bekämpfen, möglichst hoch sein. Exakt an dieser Stelle lernen wir einmal mehr die Ernährung als eine unverzichtbare Komponente kennen, um das Altern zu verlangsamen: Antioxidantien nehmen bei der Bekämpfung der freien Radikale eine Schlüsselrolle ein.

Die Liste der Antioxidanten ist lang, zumal es neben den über die Nahrung zugeführten die vom Körper gebildeten gibt. Vom Körper gebildete Antioxidantien sind z. B. Enzyme, Hormone und Stoffwechselprodukte.[40] Die über die Nahrung zugeführten Antioxidantien sind Mikronährstoffe und die Gruppe der sekundären Pflanzenstoffe. Zu den Mikronährstoffen zählen die Vitamine und die Mineralstoffe, unter denen sich die Vitamine B_2, C und E sowie die Mineralstoffe Zink und Selen aufgrund ihrer antioxidativen Wirkung einen Namen gemacht haben. Die Gruppe der sekundären Pflanzenstoffe ist nach aktuellem wissenschaftlichem Stand noch nicht so gut erforscht, wie es bei Vitaminen und Mineralstoffen der Fall ist, genießt aber einen zunehmend hohen Stellenwert. Sekundäre Pflanzenstoffe – unter denen Resveratrol, die Flavonoide, Lykopin und Allicin einige der Antioxidantien sind – werden immer mehr erforscht, wobei gesundheitliche Mehrwerte zur Debatte stehen, die noch nicht eindeutig nachweisbar sind, aber die Integration der sekundären Pflanzenstoffe in den Speiseplan nahelegen. Lebensmittel, die die sekundären Pflanzenstoffe enthalten, sind Obst und Gemüse. Da auch Vitamine und Mineralstoffe in Obst sowie Gemüse vorhanden sind, gewährleistet eine ausgewogene Ernährung eine ausreichende Versorgung mit Antioxidantien. Spezielle Nahrungsmittel, wie Gerstengras,

---

[40] https://www.verbraucherzentrale.de/wissen/lebensmittel/nahrungsergaenzungsmittel/antioxidantien-helfer-gegen-freie-radikale-10575

weisen einen besonders hohen Gehalt an Antioxidantien auf. Es ist eine Überlegung wert, ein Glas Gerstengras als tägliches morgendliches oder abendliches Ritual in den Nahrungsplan zu integrieren.

So viel zur Hautalterung durch freie Radikale ... Aber sind es nur die freien Radikale, die den Hautalterungsprozess vorantreiben? Oder sind es auch andere Einflüsse? Gibt es neben der Einnahme von Antioxidanten womöglich andere Mittel, den Hautalterungsprozess hinauszuzögern?

Tatsächlich ist die Einwirkung freier Radikale der einzige nachgewiesene Grund für den Alterungsprozess der Haut. Bei der Einwirkung wird allerdings zwischen dem körpereigenen (intrinsischen) und dem von außen beeinflussten (extrinsischen) Hautalterungsprozess unterschieden. Ersterer meint die Alterung der Haut u. a. durch den Rückgang von Hautdicke. Die Straffung lässt durch einen geringeren Gehalt des Struktureiweißes Kollagen nach. Beim extrinsischen Alterungsprozess sind die genannten äußeren Faktoren im Spiel. In beiden Fällen aber ist die Hautalterung auf die Aktivität freier Radikale zurückzuführen. Mit dem Alter nimmt der Gehalt an Antioxidantien in der Haut so weit ab, dass die Ernährung dies immer schwächer kompensieren kann. Trotzdem ist die Einhaltung einer gesunden Ernährung mit hoher Zufuhr an Antioxidantien empfohlen, da das Altern der Haut dadurch verlangsamt wird. Weil das Altern der Haut zu 80 % auf extrinsische Faktoren zurückzuführen ist[41], sind die Aussichten auf eine immense Verzögerung des Alterungsprozesses berechtigt.

---

[41] https://www.pharmazeutische-zeitung.de/inhalt-26-2004/titel-26-2004/

> **Beispiel**
>
> Die aus dem deutschen Fernsehen bekannte Moderatorin Anastasia Zampounidis hat seit 12 Jahren ihren Zuckerkonsum auf das größtmögliche Minimum reduziert und ernährt sich gesund. Aktuell ist sie 51 Jahre alt (Stand: Februar 2020).[42] Ihr Aussehen entspricht allerdings dem Aussehen einer 20- bis 30-jährigen. Dass sie einen hohen Anteil an Antioxidantien zu sich nimmt und das Risiko für die Entstehung freier Radikale über die Ernährung gering hält, ist bei einem Blick auf ihren Speiseplan naheliegend. Dass sie in zehn bis 20 Jahren genauso jung aussehen wird, darf in Frage gestellt werden. Auch sie wird der natürliche Hautalterungsprozess einholen. Aber da sie die 80 % extrinsischen Faktoren optimal gestaltet, ist von einer geringen Menge an Falten und einem Äußeren auszugehen, welches wesentlich jünger aussehen wird, als es beim Großteil der Menschen in ihrem Alter der Fall ist.

Was nach 80 % extrinsischen Faktoren bleibt, sind die 20 % des natürlichen Hautalterungsprozesses, für die nun eine Lösung gefunden werden muss. Zum einen können Personen von einer guten Genetik profitieren und eine verringerte Geschwindigkeit der Hautalterung haben. Gene sind aber nicht beeinflussbar. Zum anderen bietet die ästhetische Medizin einen Lösungsansatz. Verschiedene Verfahren geben die Möglichkeit, den Mangel an Nährstoffen zu kompensieren. Dazu gibt es mit der Mesotherapie und dem „PRP Vampirlifting" zwei Methoden. Auch das Spritzen von Kollagen und Hyaluronsäure unter die Haut sind Behandlungsmethoden. Es handelt sich um keine operativen Eingriffe, der Nutzen ist umstritten. Die meisten Erfahrungsberichte sprechen von einer Besserung durch die Behandlungen, aber eine klare medizinische Aussa-

---

[42] https://www.focus.de/gesundheit/ernaehrung/fuer-immer-zuckerfrei-tv-moderatorin-anastasia-zampounidis-lebt-seit-12-jahren-ohne-zucker_id_10410424.html

ge lässt sich nicht fällen. Es ist angeraten, dass Sie sich selbst informieren, sich mehrere Beratungen einholen und dann Ihre eigene Entscheidung treffen, ob Sie sich einer Behandlung der ästhetischen Medizin unterziehen möchten.

3.1.3.2 Haare: Wieso sie grau werden, was sich dagegen machen lässt

Um die Entwicklung der Haare im Leben eines Menschen zu verstehen, blicken wir zunächst auf den Haarzyklus. Dieser besteht aus drei Phasen:

- Anagenphase (Wachstumsphase)
- Katagenphase (Regressionsphase)
- Telogenphase (Ruhephase)

In der Anagenphase findet das Wachstum eines neuen Haares statt, welches zwei bis sechs Jahre dauern kann. Die Faktoren Alter, Geschlecht und Körperstelle beeinflussen, wie lange ein Haar tatsächlich wächst. Diese Phase ist die fürs Alter entscheidende. Denn in dieser Phase sind die Haare besonders empfindlich. Sie wird mehr als die anderen beiden Phasen durch Hormone beeinflusst. Da mit zunehmendem Alter der Hormonhaushalt bedeutend verändert ist, häuft sich ein abrupter Übergang zur Katagen- und Telogenphase, auf die ein Haarausfall folgt.[43] Auch hat die kürzere Verweildauer der Haare in der Anagenphase einen Rückgang an Volumen zur Folge.

---

[43] https://www.rosenfluh.ch/media/arsmedici/2012/12/Haut_und_Haare__Veraenderungen_ein_Leben_lang.pdf

> **Hinweis!**
> Haut und Haare weisen eine gegensätzliche Entwicklung im Alter auf. Zwar können auch die freien Radikale auf den Haarausfall einen Einfluss haben, aber primär sind diese Haarveränderungen dem Rückgang der Hormone Östrogen und Progesteron geschuldet. Da diese Hormone bei Frauen in größerer Menge als bei Männern gegeben sind, behalten Frauen ihr Haarwachstum meistens im Alter, während bei Männern der Abfall der Hormone für einen Haarausfall sorgt..

Neben diesen Erläuterungen für den Haarausfall gilt es, das Ergrauen der Haare zu erörtern. Grund für das Ergrauen ist ein Pigmentverlust in den Haaren. Abgesehen von der Aktivität der Hormone geht im Alter ebenso die Aktivität von Enzymen zurück. Der Rückgang, der ein Ergrauen der Haare zur Folge hat, ist der der Melanozyten. Die Melanozyten bilden für gewöhnlich Melanin, das in den Hornschichten der Haarwurzel eingelagert wird und den Haaren Farbe verleiht. Mit zunehmendem Lebensalter sterben Melanozyten ab. Dies geschieht nicht bei allen Haaren zum gleichen Zeitpunkt, sondern zu verschiedenen Zeitpunkten. Bei den abgestorbenen Melanozyten wird das Melanin durch Wasser ersetzt, was den betroffenen Haaren eine graue oder weiße Farbe verleiht. Die lebenden Melanozyten verleihen den anderen Haaren noch ihre Farbe, weswegen es zunächst zu vereinzelten grauen Haaren kommt, deren Zahl bis zum kompletten Ergrauen allmählich zunimmt.

Haarausfall und Ergrauen der Haare: Wie wird beides verzögert? Welche Gegenmaßnahmen gibt es, sobald beides deutlich sichtbar wird?

An erster Stelle steht die einfachste Option: Die der Akzeptanz. Während eine dünnere und trockenere Haut, wie sie bei dem Hautalterungsprozess auftreten kann, verletzungsanfälliger ist und mit Cremes behandelt werden sollte, sind graue oder ausgefallene Haare kein gesundheitliches Problem. Dementsprechend ist das Akzeptieren des Zustandes die einfachste Option und zugleich die sicherste. Sie werden im letzten Kapitel ein paar abschließende Tipps bekommen, die sich damit befassen, das insgesamt nicht veränderbare Altern mit Gelassenheit und Würde hinzunehmen. Gelassenheit und Würde setzen dabei an, irgendwann von Ideen wie Perücken und Haarfärbungen abzusehen. Zwar sind beide Maßnahmen eine Möglichkeit, aber einfacher ist es, wenn die Verhältnisse beim Natürlichen belassen werden. Bruce Willis mit seiner Glatze und Birgit Schrowange mit ihrer individuellen und authentischen grauen Haarpracht sind zwei Beispiele dafür, dass in hohem und auch jüngerem Alter die Natürlichkeit ein Trumpf gegenüber den verzweifelten Versuchen ist, die Realität zu kaschieren. Nichtsdestotrotz sind Perücken und das Färben der Haare geeignete Übergangsoptionen, falls es Ihnen schwerfällt, mit der Veränderung Ihres Äußeren klarzukommen. Letzten Endes sind wir alle Menschen und müssen uns manchmal überwinden. Der Zeitpunkt zum Überwinden sollte dann kommen, wenn Sie sich wirklich bereit fühlen.

> **Hinweis!**
> Sollte sich bei Ihnen Unbehagen bei dem Gedanken breit machen, Ihren Haarverlust oder die grauen Haare in der Öffentlichkeit zu zeigen, dann gehen Sie schrittweise vor: Nutzen Sie zunächst Perücke bzw. Haarfärbungen und nehmen Sie dann langsam Abstand davon. Konfrontieren Sie zunächst nur Ihre Familie und Freunde mit den grauen Haaren und gehen Sie erst danach in die Öffentlichkeit. Die positiven Rückmeldungen von Familie und Freunden sowie deren Styling-Tipps werden Ihnen helfen, Ihren neuen „Alters-Look" zu finden und sich neu zu definieren.

Kalkulieren Sie beim Haarefärben den Nachteil der schädlich wirkenden Chemikalien ein. Die in Haarfärbemitteln enthaltenen Chemikalien schädigen Haarstruktur und Kopfhaut so sehr, dass sie den Alterungsprozess sogar beschleunigen können. Des Weiteren steigern sie das Risiko für Leber- und Nierenschäden sowie Krebs. Letzten Endes beschleunigt der Einsatz der Mittel nur die Alterung der Haare, sodass sich folgender schließender Ratschlag für die Haaralterung ergibt: Belassen Sie alles beim natürlichen Verlauf, dann tun Sie zugleich das Bestmögliche, um die Haarpracht möglichst lange zu erhalten. Ansonsten gelten, da sich die Kopfhaut ebenso ernährt wie der Rest der menschlichen Haut, die bereits im Unterkapitel über die Haut genannten Ernährungsratschläge für den Erhalt der Haare.

3.1.3.3 Fazit

Die Verlangsamung des Alterungsprozesses für Haut und Haare hat schlechtere Erfolgsaussichten als für Muskulatur und Skelett. Grund dafür ist die erschwerte Vermeidung einer Konfrontation mit schädigenden Einflüssen und die Tatsache, dass der natürliche Alterungsprozess weniger Spielräume für eine Verlangsamung bietet. Zwar sind Antioxidantien in der Ernährung ein wichtiger Schlüssel, aber die genetische Veranlagung bei der Haut und das Absterben der farbgebenden Melanozyten bei den Haaren sind unausweichliche Alterungsfaktoren. Aber beleuchten wir die positiven Aspekte: Der verstärkten Unausweichlichkeit einer Alterung zum Trotz, sind immerhin 80 % der Hautalterung zu beeinflussen. Bei den Haaren haben bereits viele prominente Persönlichkeiten gezeigt, dass es ohne und mit grauem Haar genug Spielräume für ein attraktives Aussehen gibt.

3.1.4 Gehirn und geistige Leistungsfähigkeit

Das Gehirn altert und es bilden sich keine neuen Nervenzellen. Dies galt als eine feststehende Tatsache. Im Gegensatz zur Muskulatur und zum Skelett bestanden, dem wissenschaftlichen Einvernehmen nach, keine Mechanismen des Aufbaus. Es zeigt sich bei genauer Prüfung, dass an dieser These mehr als nur gerüttelt werden darf!

3.1.4.1 Der wichtige Unterschied zwischen kristalliner und fluider Intelligenz

Ein Unterschied, der in der Bewertung des Alterungsprozesses im menschlichen Gehirn getroffen werden muss, ist der zwischen der kristallinen und fluiden Intelligenz. Es handelt sich hierbei um Begriffe, die der Persönlichkeitspsychologe Raymond Cattell herausgestellt hat.[44] Beide Arten der Intelligenz lassen sich wie folgt kategorisieren:

	Kristalline Intelligenz	Fluide Intelligenz
Geförderte Fähigkeiten	Erfahrungsschatz Analogieverständnis Kontextverständnis Wortschatz	Schnelles und abstraktes Denken Räumliches Verständnis Lernfähigkeit Erinnerungsvermögen
Besser ausgeprägt bei ...	... älteren Personen.	... jungen Personen.
Nachweis im Gehirn	Der Hippocampus, der nach Meinungen von Forschern bei diesen Lernfunktionen prägend ist, hat mit fortschreitendem Alter eine hohe Zellneubildungsrate.	Die Plastizität des Gehirns, welche die genannten Fähigkeiten maßgeblich beeinflusst, ist in jungem Alter höher.

Quelle: alterix.de[45]

---

[44] https://alterix.de/gesundheit/geistig-fit/wie-wir-unsere-geistige-leistungsfähigkeit-im-alter-aufrechterhalten-1029.html
[45] ebenda

Was entnehmen wir dieser Erkenntnis über zwei verschiedene Arten von Intelligenz, die wissenschaftlich durch Untersuchungen des Gehirns und seiner Strukturen ein solides Fundament aufweist? Zunächst erkennen wir, dass es richtig sein kann, dass die geistige Leistungsfähigkeit **in gewissen Bereichen** im Alter abnimmt. In anderen jedoch nimmt sie nicht ab, sondern unter Umständen sogar zu. Letzten Endes lässt sich die geistige Leistungsfähigkeit nicht auf einzelne Bereiche herunterbrechen, sondern muss als Ganzes betrachtet werden. In unserer Erörterung der kristallinen und fluiden Intelligenz wirft dies die Frage auf: Welche **Gesamtleistung** rufen die kristalline und fluide Intelligenz **im Zusammenspiel** ab?

Jede alternde Person, die das einer Prüfung unterzieht, wird feststellen, dass die Stärken der kristallinen Intelligenz imstande sind, die Schwächen der fluiden Intelligenz auszugleichen. Beispielsweise mag eine 70 Jahre alte Dame die Vokabeln der spanischen Sprache nicht so schnell erlernen, wie es eine 20 Jahre alte Studentin kann. Doch die ältere Dame hat bereits einen reichhaltigen Wortschatz aus anderen Sprachen, die starke Parallelen zum Spanischen aufweisen: Italienisch und Französisch, gefolgt vom Englischen mit leichten Parallelen zum Spanischen. Sie kennt die Fälle, Deklinationen und Wortstämme aus den Sprachen und baut geschickter Brücken, um sich Vokabeln sowie Grammatik zu merken. Zudem hat die Dame einen Erfahrungsschatz im Sprachenlernen, durch den sie Strategien kennt, anhand derer sie persönlich Sprachen am besten erlernen kann. Die Studentin hingegen hat lediglich die Kenntnisse der englischen Sprache als bisherige Erfahrung und die – in ihrem Fall – einseitigen Lernmethoden aus der Schule. Sie wird der älteren Dame insgesamt unterlegen sein.

Dies war ein Idealbeispiel, das eine mehrsprachig älter gewordene Dame in Vergleich zu einer maximal zweisprachig erwachsen gewordenen Studentin im Bereich des Sprachenlernens zeigt. Sehr wohl wird es ältere Personen geben, die der Studentin unterlegen sind. Dementsprechend erhebt dieses Beispiel keinen Anspruch auf Allgemeingültigkeit. Dennoch wird anhand des Beispiels eines deutlich geworden sein: Intelligenz bzw. geistige Leistungsfähigkeit ist eine Frage des gesamten Lebensverlaufs und des Zusammenspiels aus verschiedenen geistigen Fähigkeiten. Wer über sein Leben hinweg ein breites und festes Fundament aufgebaut hat, weil er gern gelernt, sich weitergebildet und das Gehirn gefordert hat, wird in hohem Alter einen intelligenten Eindruck hinterlassen.

Erklärung

Eine Theorie, weswegen im Alter Neues schwerer zu erlernen ist, besteht darin, dass bereits mehr Wissen vorhanden ist, was die Einordnung neuen Wissens erschwert. Stellt man es sich wie ein Büro mit verschiedenen Regalen für verschiedene Fachgebiete und in diesen Regalen nochmals mit verschiedenen Fächern vor, dann ist beim älteren Menschen alles prall gefüllt. Kommt neues Wissen hinzu – also ein neues Papier oder ein komplett neuer Ordner – dann ist die Einordung schwer. Bei einer jüngeren Person fällt die Einordnung leichter.

Schlussendlich steht die Erkenntnis, dass geistige Leistungsfähigkeit und Intelligenz im Alter nicht zurückgehen, sondern sich die Verhältnisse der verschiedenen Fähigkeiten verschieben. Wer sein Leben lang gelernt und Erfahrungen gesammelt hat, wird ein Fundament dafür gelegt haben, dass im Alter das Lernen, das Gedächtnis und andere Fähigkeiten funktionieren. Denn der Rückgang in einigen Bereichen wird durch neue Stärken in anderen Bereichen kompensiert.

3.1.4.2 Anatomische und physiologische Belege für die Kompensation von Schwächen

So weit, so gut: Die bisherigen Thesen zur Kompensation schwindender geistiger Fähigkeiten (fluide Intelligenz) durch erstarkende geistige Fähigkeiten (kristalline Intelligenz) scheinen stimmig und wurden anhand von sich verändernden Strukturen im Gehirn in der Tabelle kurz begründet. Da dies den wissenschaftlichen Ansprüchen an Korrektheit nicht genügt, festigen wir die These durch Betrachtung der Anatomie und Physiologie des Gehirns und einiger Praxisstudien. Ein solcher Blick offenbart zuallererst die wichtigste Erkenntnis: Die Wissenschaftler sind sich uneins. Somit wird keine der nachfolgenden wissenschaftlichen Erläuterungen die von uns gestellte These belegen noch widerlegen können.

Ziehen wir als ersten Hinweis das 2011 stattgefundene 1000Brains-Projekt heran. Auf der Website des *Jülich Forschungszentrums*[46] lassen sich genaueste Informationen zum gesamten Projekt heranziehen. Haben Sie das Bestreben, sich tiefgehend zu informieren, dann ist der Besuch der Website nur nahezulegen. Ziel des Projekts 1000Brains war es, Gründe für das Altern und den Ablauf des Alterns speziell im Gehirn zu erkunden. Es wurden Gehirne von ca. 1.300 Probanden im Alter zwischen 55 und 85 Jahren gescannt. Die Professorin und Hirnforscherin Svenja Kaspers fand im Rahmen ihrer Untersuchungen heraus, dass Nervenzellen und deren Verbindungen untereinander sterben. Sie erkannte dabei, dass die Sprachfähigkeit und das Allgemeinwissen darunter am wenigsten leidet und weitestgehend stabil bleibt. Stattdessen würden die Aufmerksamkeit, das Gedächtnis sowie die Orientierung mit dem Alter abnehmen, so Kaspers. Diese Erkenntnis stützt bislang unsere These über die kristalline und fluide Intelligenz.

---

[46] https://www.fz-juelich.de/inm/inm-1/DE/Forschung/Architektonik_und_Hirnfunktion/Architektonik_und_Hirnfunktion_node.html

Kaspers liefert darüber hinaus eine Begründung dafür, weswegen das Gehirn mit zunehmendem Alter schneller erschöpft sei: Es liege daran, dass aufgrund der abnehmenden Funktionen in bestimmten Hirnarealen andere Hirnareale die Funktion übernehmen würden. Somit arbeite das Gehirn als ein großes Netzwerk und überanstrenge sich schneller. Auch diese Behauptung deckt sich ein bestimmtes Stück weit mit unserer These, die ein verbessertes kontextuales Verständnis des Gehirns im Alter vorsah. Arbeitet das Gehirn als Netzwerk, dann kann es Dinge besser in einen Kontext zueinander setzen.

Eine Studie kommt allerdings zu anderen Erkenntnissen als Kaspers' Projekt: Auf Cordis, dem Portal für Forschungsergebnisse der Europäischen Kommission, wird in Berufung auf eine Studie von Forschern der Columbia University und des New York State Psychiatric Institute ausgeführt[47], dass sich im Gehirn einer 79-jährigen Person genauso viele Neuronen neu bildeten wie bei einer 14-jährigen Person. Also starben Neuronen nicht ab, was als allgemeingültige These galt und heute von mehreren Wissenschaftlern trotz gegensätzlicher Erkenntnisse behauptet wird, sondern es bildeten sich neue Nervenzellen im Gehirn.

Bei der Studie wurden Gehirne unerwartet verstorbener und gesunder Menschen untersucht. Die Menschen waren zu Lebzeiten weder kognitiv eingeschränkt noch litten sie an Depressionen. Zudem nahmen sie keine Antidepressiva. Es wird gemutmaßt, dass es sich bei diesen Aspekten um wichtige Kriterien für die Neubildung von Neuronen im Alter handelt. In der Studie wurde eine Neubildung von Neuronen im Hippocampus beobachtet. Dies unterstützt unsere These von kristalliner und fluider Intelligenz dahingehend, dass in der Tabelle von einer erhöhten Zellneubildungsrate im Hippocampus gesprochen

---

[47] https://cordis.europa.eu/article/id/123279-trending-science-do-our-brain-cells-die-as-we-age-researchers-now-say-no/de

worden war, die eine verbesserte kristalline Intelligenz im Alter begünstigt. Die Studie ist auf der Website des Fachportals „Cell Stem Cell"[48] aufrufbar.

Die Hauptautorin dieser Studie ist Dr. Maura Boldrini. Sie fällte in einem Interview mit der „Daily Mail" die folgende Aussage: „Jeder von uns kennt einen 90-jährigen, der vollkommen klar im Kopf ist."[49] Diese Aussage ist in Bezug auf die Suche nach anatomischen und physiologischen Belegen zum Alterungsprozess des Gehirns und zur geistigen Leistungsfähigkeit bezeichnend: Am Ende verweisen sogar die studierten und auf die kleinsten Fachbereiche spezialisierten Mediziner auf das, was ihnen selbst oder der Allgemeinheit an Personen begegnet ist. Denn rein wissenschaftlich lässt sich das Rätsel um das menschliche Gehirn nicht lösen. Bezüglich des Alterungsprozesses übertreffen sich die Widersprüche von Forschungen, Studien und Fachbüchern in diversen Aspekten. Die beste Wissenschaft ist es, auf die Leute zu blicken, die zurzeit in einem hohen Alter sind und eine beeindruckende geistige Leistungsfähigkeit an den Tag legen. Genau dieser Wissenschaft gehen wir im folgenden Unterkapitel nach. Es ist eine wesentlich einfachere und mitreißendere Wissenschaft als das fortwährende Begutachten und Analysieren von Studien und Projekten. In diesem Sinne: Lehnen Sie sich jetzt entspannt zurück und lassen Sie sich von zwei realen Geschichten über Menschen beeindrucken, die im Alter geistig fit sind.

---

[48] https://www.cell.com/cell-stem-cell/fulltext/S1934-5909(18)30121-8

[49] https://cordis.europa.eu/article/id/123279-trending-science-do-our-brain-cells-die-as-we-age-researchers-now-say-no/de

Beispiel 1

Das erste der drei vorbereiteten Beispiele handelt von Cathy Watson. Sie ist vermutlich mindestens 80 Jahre alt, jedenfalls gehört sie den Personen im betagten Alter oberhalb der 70 Jahre an. Die Seniorin bezeichnet sich selbst als „Devotee of Challenges", was auf Deutsch so viel bedeutet wie „Anhängerin von Herausforderungen". Sie mag es also, sich selbst herauszufordern und herausgefordert zu werden. Genau hierin verbirgt sich, ihrer Meinung nach, der Schlüssel zum Erhalt der geistigen und körperlichen Fähigkeiten im Alter. Wissenschaftler nennen Personen wie Cathy Watson „Super-Ager": Personen, die sich trotz hohem Alter nicht von Aktivitäten abbringen lassen und eine beachtliche Fitness an den Tag legen; ob im geistigen oder körperlichen Kontext. Was aber macht Cathy Watson, um sie mit dem Attribut „aktiv" zu versehen? Sätze wie „Unser Körper und Gehirn altern nicht, aber wir tun es durch unsere Entscheidungen" spiegeln wider, wie überzeugt Cathy Watson davon ist, dass der Alterungsprozess bei jedem Menschen anders ausfällt. Sie hat sich für einen Weg des geminderten Alterungsprozesses entschieden, im Rahmen dessen sie sich ihre geistige Leistungsfähigkeit durch folgende Maßnahmen bewahrt:

- Permanentes Lernen durch theoretische und praktische Maßnahmen
- Sprechen, um die Zunge zu trainieren und die Sprache deutlich zu halten
- Muskeln trainieren – seien es auch nur die Sprechmuskeln

Sie steht trotz ihres Alters dem Neuen so offen gegenüber, dass sie sogar erstaunlich digitalisiert ist: Mit einem eigenen Podcast auf dem BlogTalkRadio[50] und einer eigenen Website, auf der sie ihr eigenes E-Book *The Elixir of Youth – SECRETS OF A SPRING CHICKEN* (auf Deutsch etwa: Trank der ewigen Jugend – GEHEIMNISSE EINES JUNGEN KÜKENS) verkauft. Allein die Worte,

---

[50] https://www.blogtalkradio.com/cathiwatson

die sie für ihren E-Book-Titel gewählt hat, zeugen von einem jugendlichen lebensfrohen Denken anstelle eines veralteten und deprimierten Denkens. Ihre Ratschläge in Podcasts untermauern diesen Eindruck einer „frischen" Lebenseinstellung und Lebensweise. So empfiehlt sie beispielsweise, nie im Leben auf Glamour zu verzichten, und nennt als Inspiration Internetseiten, auf denen sich ältere Hörer ihres Podcasts wunderschöne und glamouröse Damen oberhalb der 80 Jahre anschauen können.

Beispiel 2

Das Beispiel eines Prominenten der Jazz-Szene zeigt – als Vorbereitung auf das nächste Unterkapitel – die Bedeutung der Musik zur Erhaltung der geistigen Fitness. In diesem Beispiel wird Ornette Coleman vorgestellt. Er war ein Jazz-Musiker, der 85 Jahre alt wurde, und erst spät Berühmtheit erlangte. Musik spielte er zwar sein ganzes Leben lang, doch sein internationaler Durchbruch gelang ihm erst gegen Mitte der 90er Jahre im Alter von über 60 Jahren. Er erfand sich musikalisch im Laufe der Jahrzehnte immer neu, wobei ihm die Nähe zum Rock den Durchbruch ermöglichte. Privat interessierte er sich für Naturwissenschaften. Das breit gestreute Interesse und die musikalische Praxis sind wahrscheinlich verantwortlich dafür, dass er 85 Jahre alt wurde, was einem aus ärmlichen Verhältnissen stammenden Menschen nicht zu prognostizieren war. Er blieb bis ins hohe Alter geistig gesund und musikalisch tätig.

Die beiden Beispiele beweisen weder den Erhalt der geistigen Leistungsfähigkeit, noch widerlegen sie diesen. Letzten Endes geht es darum, den möglichst festen Indizien der Wissenschaft und den Erfahrungen aus dem Leben anderer Menschen zu folgen, um die höchste Wahrscheinlichkeit für einen Erhalt der geistigen Leistungsfähigkeit zu gewährleisten.

3.1.4.3 Ratschläge zum Erhalt und zur Optimierung der geistigen Leistungsfähigkeit

Erneut greifen Bewegung und Ernährung als Faktoren, die die geistige Leistungsfähigkeit begünstigen. Bei der Bewegung lässt sich an neuen Informationen im Vergleich zu den Kapiteln 3.1.1 und 3.1.2 nur hinzufügen, dass das Gehirn von koordinativ anspruchsvoller Bewegung profitiert. Diese Bewegung kann einerseits in Form von Sportarten, andererseits in Form anderer Hobbies erfolgen. Sportarten, die koordinative Ansprüche beinhalten, sind beispielsweise das Schwimmen aufgrund der einzelnen Schwimmstile. Zudem verlangt das Krafttraining einiges an Koordination ab, sofern nicht nur an Geräten, sondern mit Freihanteln trainiert wird. Der koordinative Anspruch beim Freihanteltraining besteht darin, die Kurzhanteln bzw. die eine Langhantel auf beiden Seiten gleichmäßig und gerade zu drücken, und das bei starker Belastung. Parallel dazu ist die korrekte Atemtechnik zu bedenken. Wie beim Schwimmen und Kraftsport sind bei Gymnastikübungen Koordinationsfähigkeiten gefordert: Ob Yoga, Pilates oder andere Formen – Koordination ist das A und O. Kampfsport und Turnen setzen in Sachen Koordination ihre ganz eigenen Maßstäbe, da hohe Ansprüche an Korrektheit der Abläufe und Balance bestehen.

> **Beispiel**
>
> Inwiefern Turnen und Gymnastik in hohem Alter praktiziert werden können, demonstriert die 94-jährige Seniorin Johanna Quaas[51], die bis zum 92. Lebensjahr die weltweit älteste aktive Wettkampf-Turnerin war. Heute praktiziert sie trotz eines im Alter von 93 Jahren erlittenen Bizepssehnenabrisses abseits von Wettkämpfen das Turnen nach wie vor. Schaut man sich ihre Präsenz in Interviews aus früheren Tagen, z. B. auf YouTube[52], an, dann wird deutlich, wie fließend ihre Sprache ist und welch eine

---

[51] http://www.gymmedia.de/event/Quaas
[52] https://www.youtube.com/watch?v=E9FcEcOHJfw

Vitalität sich in dem Leben dieser Frau verbirgt. Es ist berechtigt, dem lebenslangen Sport einen Anteil an ihrer körperlichen und geistigen Fitness zuzusprechen.

Blicken wir auf die Arten von Bewegung, die meistens nicht als Sport gelten, aber ebenfalls die Koordinationsfähigkeit des Menschen fördern: Dazu gehören beispielsweise Tanzen und Ballett. Einzustudierende Choreografien und reibungslos durchzuführende Abläufe von Fuß bis Kopf sind nur die eine Seite der Medaille. Die andere Seite der Medaille ist eine Kontrolle der Mimik, die die koordinativen Fähigkeiten ausreizt. Ein solches Training kann sich bis ins hohe Alter bezahlt machen.

Letzten Endes wird aber jede Art der Bewegung die Koordination eines Menschen positiv beeinflussen und somit das Gehirn trainieren. Zu bevorzugen sind unter diesem Gesichtspunkt aber wie gesagt Tanzen, Ballett, Turnen, Kampfsport, Schwimmen und Kraftsport.

Gehen wir von dem Aspekt der Bewegung zur Ernährung über, die die Tipps aus den bisherigen Unterkapiteln 3.1.1, 3.1.2 und 3.1.3 um die folgenden Ratschläge für Nährstoffe ergänzt:

- B-Vitamine: B1 (Thiamin), B2 (Riboflavin), B3 (Niacin), B5 (Pantothensäure), B6 (Pyridoxin), B7 (Biotin), B9 (Folsäure) und B12 (Cobalamin) – sie alle scheinen in Zusammenhang mit einwandfreiem Funktionieren des Gehirns zu stehen und sind das komplette Leben über in den empfohlenen Mindestmengen einzunehmen.
- Vitamin E und Vitamin C: Ihnen wird eine antioxidative Wirkung nachgesagt. Im Rahmen dieser sollen sie die Gehirnzellen vor freien Radikalen schützen und deren Bestand gewährleisten.
- Natrium und Kalium: Diese beiden Mineralstoffe haben das Potenzial, die Funktion der Nervenzellen zu schützen.

- Magnesium: Spielt eine Rolle bei der Freisetzung von Energie aus ATP und kann das Nervensystem vor Stress schützen.
- Phosphor: Wird vom Gehirn in Zusammenhang mit der Freisetzung von Energie benötigt.

Es seien an dieser Stelle kurz die bereits in den letzten Unterkapiteln erwähnten Omega-3-Fettsäuren und das Kalzium näher erläutert: Neben einem potenziellen medizinischen Nutzen für das Skelett kann das Gehirn ebenfalls profitieren. Bezüglich der Omega-3-Fettsäuren steht eine entzündungshemmende Wirkung zur Debatte, hinsichtlich des Kalziums besteht die Vermutung einer Funktion der Weiterleitung von Reizen zwischen Nervenbahnen.

Nachdem Bewegung und Ernährung als in jedweder Hinsicht zur Verlangsamung des Alterungsprozesses wichtige Glieder abgehandelt sind, widmen wir uns den speziellen Maßnahmen, die sich fürs Gehirn ergeben. Hierzu gibt es eine Reihe an Übungen, Anwendungen für technische Geräte – vom Smartphone bis zum Laptop – und weiteren Maßnahmen.

Den Übungen zur Förderung des Gehirns gehören sämtliche Entspannungsübungen an. Hierzu zählt zum einen die Meditation. Zum anderen fließen weitere Entspannungsübungen, wie beispielsweise die Progressive Muskelentspannung, Phantasiereisen und Gymnastik, in die Liste ein. Im bereits vorgestellten 1000Brains-Projekt machten die Forscher eine Feststellung: Es wurde das Default-Mode-Netzwerk im Gehirn untersucht, das dann aktiv ist, wenn alle anderen Bereiche des Gehirns nicht tätig sind. Es ist also der Ruhebereich im Gehirn. Bei Untersuchungen dieses Projekts zeigte sich bei älteren Personen ein höherer Verlust der Hirnmasse als bei den jüngeren. Der Ruhebereich des Gehirns nimmt also ab, was auch das geringere Schlafbedürfnis im betagten Alter erklären würde. Vor allem aber zeigt es, dass Entspannungsübungen erforderlich sind, um den Körper konzentriert in den Ruhezustand zu versetzen und auch im Alter Ruhe und Entspannung einkehren zu lassen. Entspannungsübungen helfen dabei.

Neben Entspannungsübungen, die den Stress senken und damit Hirnzellen vor dem Absterben durch oxidativen Stress schützen können, empfiehlt sich für den Erhalt der geistigen Leistungsfähigkeit im Alter das Gehirnjogging. Gehirnjogging bedeutet nicht unbedingt, eine Anwendung fürs Smartphone downloaden oder im Internet Websites mit entsprechenden Angeboten besuchen zu müssen. Gehirnjogging findet auch in folgenden Fällen statt:

- Memory spielen mit den Enkeln
- Einkaufsliste aufschreiben, aber zunächst nicht nutzen und versuchen, sich die Dinge zu merken
- Häufiges Ausprobieren neuer Dinge: Weg zum Supermarkt wechseln, neue Aktivitäten mit Freunden und/ oder Familie

Tatsächlich hilft es bereits, sich im Alltag möglichst zu fordern: Insbesondere das Ausprobieren neuer Dinge (bevorzugt in Gesellschaft mit anderen Menschen) fordert. Denn neue Hobbies, Sprachen oder ehrenamtliche Tätigkeiten mit wechselnden Beschäftigungen sorgen dafür, dass das Gehirn ständig aktiv bleibt und die Nervenzellen aufrechterhalten bleiben. Zudem ist es wahrscheinlich, dass sich neue Vernetzungen bilden. Wird neuen Aktivitäten mit Gesellschaft nachgegangen, dann kann man sich gegenseitig helfen und hat Spaß – zwei Faktoren, die den Frust bei Überforderung senken und die Ausschüttung von Glückshormonen fördern. Letztere begünstigen ebenfalls eine intakte Hirnfunktion.

Wie steht es um Multitasking als Übung? Was vereinzelt medial und gesellschaftlich propagiert wird, stresst vielmehr. Je komplexer eine Aufgabe wird, desto stärker sind der präfrontale

Cortex des Gehirns und das Arbeitsgedächtnis in den Ablauf involviert.[53] Dies wiederum hat zur Folge, dass die Ausführung der einen Tätigkeit die andere Tätigkeit beeinträchtigt, und umgekehrt. Wer mehreren Dingen gleichzeitig nachgeht und mit seiner vollen Aufmerksamkeit von einem Aspekt zum anderen switchen muss, riskiert Stressreaktionen des Körpers sowie schnelle Überreizung. Infolge dessen bringt Multitasking eher Risiken als Vorteile mit: Vom gesteigerten Demenzrisiko durch die Cortisol-Ausschüttung bis hin zu Erschöpfung, Gedankenschleifen sowie negativen Grundstimmungen. Ist von Multitasking nun komplett abzuraten? Nein. Es hängt davon ab, wie es angegangen wird. Wenn Sie zunächst mit einer neuen Übung beginnen, warten, bis Sie diese aus dem Effeff beherrschen, dann eine zweite Übung auf ein ähnlich hohes Niveau bringen und erst danach anfangen, beide Übungen parallel auszuführen, dann gehen Sie behutsam vor und überfordern sich nicht.

> **Erklärung**
>
> Diesen Effekt dürften Sie noch sehr gut aus der Zeit in der Fahrschule oder vom Erlernen von Sportarten kennen: Anfangs müssen Sie sich noch voll auf die Abläufe konzentrieren und sind außerstande, nebenbei einer anderen Sache nachzugehen. Doch nach mehreren Wochen, Monaten oder Jahren Praxis haben Sie die Abläufe so verinnerlicht, dass Sie sie ohne Mühe und mit wenig Denkarbeit ausführen können. Sie beginnen automatisch, nebenbei mit anderen Personen zu reden oder andere kleine Tätigkeiten in den eigentlichen Ablauf einer Sache zu integrieren.

Der beste Weg ist also, das Multitasking mit kleinen Schritten anzugehen. Als weiterführendes Beispiel hierzu soll das Musikspielen dienen. Denn hier lernen Sie beim Großteil der Instrumente nichts anderes als schrittweises Multitasking. Saßen Sie

---

[53] https://alterix.de/gesundheit/geistig-fit/wirkt-multitasking-dem-geistigen-abbau-entgegen-1076.html

bereits am Klavier und haben ein Stück flüssig gespielt, dann mussten Sie es zunächst lernen und werden sich daran erinnern, wie Sie es getan haben: Zuerst wurde die Melodie mit der rechten Hand geübt, dann die Begleitung mit der linken Hand. Oder es fand umgekehrt statt. Später wurde das Spiel beider Hände miteinander vereint – Multitasking, Koordination, Gedächtnis, Neues erlernen; überhaupt ist das Klavierspielen so empfehlenswert für die Erhaltung eines leistungsfähigen Gehirns wie das Spiel auf kaum einem anderen Instrument. Wer sich musikalisch noch nicht erfunden hat, kann damit in Zeiten des Ruhestands beginnen. Sie wären jedenfalls nicht die erste Person, die während des Ruhestands eine musikalische Ader in sich entdeckt.

Letzten Endes ist die Art der Übungen und Wege, sich seine geistige Fitness aufrechtzuerhalten oder diese auszubauen, kein Geheimnis und bedarf nicht vieler Recherchen. Grob lässt sich festhalten: Wann immer Neues geübt wird, profitiert das Gehirn. Dieselbe Feststellung trifft der Biologe Prof. Dr. Martin Korte, der im Interview mit dem NDR[54] dazu Stellung nimmt, wie Personen im Alter geistig fit bleiben können. Dabei werden die simpelsten Dinge genannt, wozu auch der Kauf eines Smartphones und das Erlernen seiner Bedienung gehören. Angesprochen auf die Gefahr einer Überforderung durch Neues, trifft er eine wichtige Aussage, die Sie final mit auf den Weg erhalten: Eine Überforderung ergebe sich nur dann, wenn Angst vor Fehlern vorhanden sei. Fehler seien bei jedem Menschen normal; unabhängig davon, wie alt er sei. Dies zu begreifen und ohne Furcht Neues zu erlernen, wirke einer Überforderung entscheidend entgegen.

3.1.4.4 Fazit

Vermeintlich wissenschaftliche Fakten müssen neu aufgerollt werden, wenn man sich das Gehirn und die geistige Leistungs-

---

[54] https://www.youtube.com/watch?v=q07rgYDweJY

fähigkeit im Alter vor Augen führt. Gehirnzellen sterben nicht zwingend ab. Ebenso ist es möglich, dass bei über 70-jährigen noch neue Gehirnzellen gebildet werden. Zumindest deuten Forschungen darauf hin. Während Muskulatur, Skelett, Haut und Haare gut erforscht sind, spielt das Gehirn in einer anderen Liga. Hier ist nichts sicher; außer, dass alles unsicher ist. Nichtsdestotrotz gibt es Wege, mit denen Sie die Wahrscheinlichkeit, im Alter eine hohe geistige Fitness an den Tag zu legen, steigern können. Personen haben demonstriert, wie es funktionieren kann. Nun sind Sie aufgerufen, im Rahmen Ihrer eigenen Möglichkeiten zu handeln: Treiben Sie Sport und ernähren Sie sich vollwertig. Dies ist die Basis. Lernen Sie obendrein regelmäßig neue Dinge, dann trainieren Sie Ihre Lern- und Gedächtnisfähigkeit. Besonders gut sind koordinative Aktivitäten, die neben dem sportlichen Bereich im künstlerischen Bereich durch das Musizieren vorhanden sind.

3.1.5 Restliche Organe und Fazit

Es wäre möglich, sämtliche Organe des Menschen Schritt für Schritt durchzugehen und Ratschläge zu einer Verzögerung des Alterungsprozesses des jeweiligen Organs zu geben. Der Inhalt würde sich zu großen Teilen wiederholen, da die entscheidenden schädigenden Einflüsse bereits mehrmals erwähnt und erläutert wurden. Deswegen nutzen wir diesen Abschnitt für einen kurzen Überblick über den Alterungsprozess bei einigen der Organe und eine Zusammenfassung des gesamten Unterkapitels 3.1.

Beginnen wir bei dem Herz, das Blut durch den menschlichen Körper pumpt und dadurch die Versorgung des Organismus mit Sauerstoff und Nährstoffen sicherstellt. Auch ist es für den Abtransport der Abfallstoffe aus dem Blut zuständig. Mit zunehmendem Alter steigt der Gehalt von Kollagen im Herzmuskelgewebe. Wir kennen Kollagen bereits aus 3.1.3, in dem die hautstraffende Funktion des Kollagens beschrieben wurde. Während bei der Haut Kollagen erwünscht ist, verhält es sich bei anderen Organen anders. Ein hoher Kollagengehalt begünstigt Verdickungen sowie Verhärtungen, wie es beim Herzen mit der Herzwand der Fall ist. Aufgrund der zunehmenden Steifheit der Herzwand kann das Herz verschiedenen Volumen- und Druckverhältnissen erschwert trotzen. Auch die Gefäßwände büßen an Flexibilität ein, was in einem erhöhten Blutdruck mündet. Parallel sinkt die Pumpleistung des Herzens, was vereinzelt zu einem verminderten Blutdruck führen kann. Es gibt den systolischen und diastolischen Blutdruck zu unterscheiden. Insbesondere ein auffällig geringer diastolischer Blutdruck ist für die Lebenserwartung eines Patienten schlecht.

> **Hinweis!**
>
> Nicht immer ist ein geringer Blutdruck ein gravierendes Signal für Patienten. Junge und schlanke Frauen haben hin und wieder niedrigen Blutdruck. Sollte er sich nur selten bemerkbar machen, ist auch im hohen Alter eine harmlose Ursache denkbar. Geraten Sie deswegen bei schlechten Blutdruckwerten nicht in Panik, sondern beobachten Sie diese kontinuierlich und entschließen Sie sich erst für eine Untersuchung beim Arzt, wenn sich über einen längeren Zeitraum ein geringer Blutdruck und ein Unwohlsein bemerkbar machen. Bei einem systolischen Wert von unter 110 bei Männern und unter 100 bei Frauen sowie einem diastolischen Blutdruck von unter 60 bei beiden Geschlechtern ist die Rede von einem niedrigen Blutdruck.

Man geht davon aus, dass das Herz zwischen dem 20. und 80. Lebensjahr jährlich ca. 0,5 bis 1 % seiner Pumpleistung einbüßt.[55] Weil das Herz ein Muskel ist, lässt es sich stärken und trainieren. Somit sind Aktivität und angemessene Nährstoffversorgung wieder die Lösung für eine Verlangsamung des Al-

---

[55] https://www.zm-online.de/archiv/2012/10/titel/physiologie-des-alterns/

terns. Nur, wenn das Herz gefordert ist, seine Flexibilität und Anpassungsfähigkeit an äußere Anforderungen zu steigern oder beizubehalten und der Nährstoffbedarf gedeckt wird, kann das Altern des Herzens hinausgezögert werden.

Abgesehen vom Herzen gibt es die Lunge, die für die Sauerstoffaufnahme durch das Einatmen zuständig ist. Dabei reichert die Lunge das Blut mit Sauerstoff an. Vom Herzen aus erhält sie durch den venösen Rückstrom das Blut mit Abfallprodukten zurück, die ausgeatmet werden. Die Lunge ist im Alter durch eine verminderte Elastizität gezeichnet, was – wie beim Herzen – auf den Anstieg des Kollagengehalts zurückzuführen ist. Aber auch die freien Radikale hinterlassen durch Genmutationen ihre Spuren. Chronische Atemwegserkrankungen, Krebs und Lungenentzündungen können die Folge sein. Eine verminderte Regenerationsfähigkeit der Zellen führt zu einer höheren Sterberate und schwerwiegenderen Bleibeschäden bei Lungenerkrankungen.

Leber, Niere, Magen-Darm-Trakt – dies sind nur einige der weiteren Organe, die im Laufe des Alterns ebenfalls ihre „Abnutzungen" aufweisen. Die Ursachen für das Altern ähneln sich allesamt. Es erscheint, als bestünden die entscheidenden Gründe in einer Abnahme der Flexibilität der Organe und der Schädigung durch freie Radikale. Den bisherigen Erkenntnissen der Wissenschaft zum Trotz kann kein Hehl daraus gemacht werden, dass auf die meisten Fragen noch keine fundierten Antworten existieren. Während sich Studien und Forschungen der angesehensten Mediziner widersprechen, versuchen Ratgeber im Internet eine klare Aussage zu fällen. Allem voran der Blick auf die Studien bezüglich des Gehirns hat gezeigt, dass selbst die anscheinend sichersten Thesen nicht stimmen müssen.

Machen Sie sich deswegen keine Sorgen aufgrund der Tatsachen, dass Herz, Lunge, Haut und alle anderen Bestandteile des Körpers altern und dieser Prozess nur verlangsamt werden kann. Insbesondere die Fakten über den Alterungsprozess der Organe mögen hart geklungen und Besorgnisse geweckt haben. Aber wer weiß schon, was möglich ist und wie stark der menschliche Einfluss sein kann? Die Wissenschaft jedenfalls weiß es nicht zu 100 %. Es wurden Ihnen die Fakten vorgestellt, die Sie gewichten können, wie es Ihnen lieb ist. Aber im Vordergrund dessen, was Sie in diesem Kapitel gelernt haben, sollten stehen: Zahlreiche Ratschläge, um den Alterungsprozess in Bezug auf verschiedene Bestandteile des Körpers aufzuhalten. Welche dieser Ratschläge sich bei Ihnen bewähren werden, ist stark individuell. Eine 20-jährige Person, die dieses Buch in der Hand hat und liest, kann aufgrund des langen Zeitraums und der guten Ausgangssituation der Zellen durch eine Umsetzung der Ratschläge potenziell eine längere Lebenszeit erarbeiten als eine 60-jährige Person, die schon erste Verschleißerscheinungen hat und nun einem weiteren Verfall entgegenwirken möchte. Aber zweifelsohne werden beide Personengruppen ebenso wie jeder andere Leser von der Umsetzung der hier geschilderten Tipps profitieren. Am Ende gibt es nämlich nur ein Mittel, um das Altern zu verlangsamen: Defizite ausmachen und handeln!

3.2 Schritt für Schritt das Altern verlangsamen – Praxis mit Anleitungen

Steigen Sie gern mit den folgenden Schritt-für-Schritt-Anleitungen samt Aufgaben in die Praxis der Verlangsamung des Alterns ein! Neben der individuellen Verarbeitung der Erkenntnisse aus dem Unterkapitel 3.1 gibt der Ratgeber in diesem Unterkapitel 3.2 die zusätzliche Möglichkeit, konkreten und präzisen Schritten zu folgen. Die genaue Umsetzung der Schritte ist Ihre Sache. Die drei Schwerpunkte im Folgenden sind der Aufbau eines Ernährungsplans, die Eingliederung sportlicher Aktivitäten in den Alltag und mehrere Ratschläge, wie Sie regelmäßig Neues ausprobieren, um sich geistig fit zu halten und glücklich zu sein.

3.2.1 Erster Schritt: Lebensmittel auswählen und einen Plan aufstellen

Sie durften bereits einen Einblick in wichtige Makro- und Mikronährstoffe erhalten. Es wurden vereinzelt Vitamine sowie Mineralstoffe genannt, die verschiedene Funktionen erfüllen. Bezüglich der Makro- und Mikronährstoffe sollten Sie wissen, dass Makronährstoffe Eiweiße, Kohlenhydrate und Fette sind. Mikronährstoffe sind Vitamine, Mineralstoffe und Spurenelemente. Letztere liefern keine Energie und enthalten somit keine Kalorien, erfüllen dafür reichlich wichtige Funktionen im Körper. Energielieferanten sind nur Eiweiße, Kohlenhydrate und Fette. Diese Energie wird in Kilokalorien gerechnet. Erklärt wird Ihnen das aus einem Grund: Die Kalorienzufuhr bestimmt darüber, ob Sie abnehmen, zunehmen oder Ihr Gewicht halten. Sie nehmen dann ab, wenn Sie weniger Kalorien zu sich nehmen, als Ihr Körper verbraucht. Bei einem Überschuss an Kalorien nehmen Sie zu. Nun beginnt die erste Aufgabe des ersten Schritts.

Aufgabe 1
Überlegen Sie sich, ob Sie zunehmen, abnehmen oder Ihr Gewicht halten möchten. Es ist nie zu spät, abzunehmen. Durch eine Gewichtsabnahme bei existierendem Übergewicht senken Sie die Last auf Ihren Gelenken und fühlen sich wohler. Da eine Gewichtsreduktion für gewöhnlich mit einer gesünderen Ernährung einhergeht, senken Sie das Risiko für lebensgefährliche Erkrankungen und optimieren andere gesundheitliche Werte. Eine Gewichtszunahme macht bei Ihnen nur dann Sinn, wenn Sie schmächtig sind und Muskeln aufbauen möchten. Was darf's sein: Diät, Zunahme oder das Halten und Bewahren Ihrer Linie? Ihre Entscheidung wird Ihre weitere Marschroute in diesem Unterkapitel beeinflussen.

Körpergewicht in kg x 24 Kalorien/kg = Kalorienbedarf

Nachdem Sie diese Entscheidung getroffen haben, beginnt für Sie die Rechenarbeit. Sie müssen zunächst errechnen, wie hoch Ihr Kalorienbedarf ist; also die Zahl, bei der Sie theoretisch weder zunehmen noch abnehmen. Dies geschieht im ersten Schritt mittels folgender Formel:

Sie multiplizieren also Ihr eigenes Körpergewicht (in kg) mit 24. Das Ergebnis ist Ihr Kalorienbedarf. Eine 100 kg schwere Person käme auf 2.400 Kalorien (100 kg x 24 Kalorien/kg = 2.400 Kalorien). Aber damit sind Sie nicht bei Ihrem tatsächlichen Kalorienbedarf angekommen, sofern Sie das Alter von 30 Jahren bereits überschritten haben. Denn im Alter sinkt der menschliche Kalorienbedarf. Grund dafür ist die Abnahme der körperlichen Abläufe und der Rückgang der Muskelmasse. Zugegebenermaßen: Wenn Sie bereits ab dem 20. Lebensjahr einen vorbildlichen Lebenswandel gepflegt haben und diesen bis zum 50. Lebensjahr durchhalten, dann sinkt Ihr Kalorienbedarf weniger als bei den gewöhnlich alternden Menschen. Schließlich verzögern Sie den Alterungsprozess. Die jungen Leser werden also in den nächsten Jahrzehnten bedenken müssen, dass sich der Kalorienbedarf bei ihnen schwieriger ermitteln lässt. Für ältere Personen, die die Ratschläge zur Verlangsamung des Alterungsprozesses in diesem Ratgeber bisher nicht befolgt haben, werden die folgenden pauschalen Zahlen zur Ermittlung des Kalorienbedarfs im Alter hilfreich sein:

- Ab dem 35. bis zum 55. Lebensjahr wird mit 10 % weniger Kalorien täglich kalkuliert.
- Ab dem 55. bis zum 75. Lebensjahr wird mit 20 % weniger Kalorien täglich kalkuliert.
- Ab dem 75. Lebensjahr wird mit 30 % weniger Kalorien täglich kalkuliert.

Für unser Beispiel mit einer 100 kg schweren Person würde es bei einem Alter von 60 Jahren bedeuten, dass sie statt der 2.400 Kalorien im jungen Alter nun 1.920 Kalorien täglich verbraucht (2.400 Kalorien x 0,8; da 80 % übrig bleiben).

Aufgabe 2
Führen Sie diese Rechnung genauso für sich persönlich durch. Auf diese Weise berechnen Sie Ihren Grundumsatz – den Kalorienverbrauch des Körpers im völligen Ruhezustand.

Da der Körper nicht nur ruht, muss noch ein Rechenschritt erfolgen, der die täglichen Aktivitäten zum Grundumsatz addiert. Der einfachste Rechenweg ist der folgende:

- Nehmen Sie bei einem schwindend geringen Maß an körperlichen Aktivitäten ein Drittel des Grundumsatzes und addieren Sie es als Leistungsumsatz zum errechneten Grundumsatz hinzu.
- Nehmen Sie bei regelmäßiger und mehrmaliger körperlicher Aktivität zwei Drittel des Grundumsatzes und addieren Sie diese als Leistungsumsatz zum errechneten Grundumsatz hinzu.
- Nehmen Sie bei einem hohen und permanenten Maß an körperlichen Aktivitäten den kompletten Grundumsatz als Leistungsumsatz und addieren Sie diesen zum errechneten Grundumsatz hinzu.

Was „hoch und permanent" oder „regelmäßig und mehrmalig" ist, müssen Sie Ihrem Gefühl nach bestimmen. Zwar ist es nicht im Sinne des Erfinders, aber in diesem vereinfachten Verfahren der Leistungsumsatz-Berechnung wurden keine klaren Definitionen geschaffen. Umfangreichere und präzisere Verfahren können Sie gern im Internet selbst recherchieren. Ein hilfreicher Recherche-Ansatz für Sie ist das PAL-Verfahren. Eine genaue Erläuterung des PAL-Verfahrens an dieser Stelle würde den Rahmen sprengen.

Aufgabe 3
Berechnen Sie mit der soeben genannten Methode zur Ermittlung des Leistungsumsatzes oder mit dem eigens recherch=ierten PAL-Verfahren Leistungs- sowie Gesamtumsatz. Schreiben Sie sich diese Zahl genau auf, denn sie wird Ihnen als Grundlage zur Erstellung eines eigenen Ernährungsplans dienen.

Mithilfe der geschilderten Berechnungen werden Sie den Gesamtumsatz nicht hochpräzise, aber immerhin näherungsweise bestimmen können. Der Rest wird durch „Probieren und Studieren" sichergestellt: Beobachten Sie bei einem wöchentlichen Wiegen (wiegen Sie sich nur ein Mal pro Woche, da tägliche Schwankungen des Körpergewichts normal sind und kaum Aussagekraft haben) und bei der Einnahme Ihrer Kalorien, ab welcher Menge an zugeführten Kalorien Sie ab- und ab welcher Menge Sie zunehmen.

Nun geht es an das Erstellen eines Ernährungsplans. Sie haben mehrere Möglichkeiten, diesen auszuformulieren. Zwei dieser Möglichkeiten werden angeführt: Zum einen ist ein präziser Zeitplan mit einzelnen Mahlzeiten für jeden Tag denkbar, zum anderen können Sie einfach eine Auswahl an Lebensmitteln notieren, die Sie im Verlauf der ganzen Woche konsumieren dürfen. Die erste Variante würde den Vorstellungen eines Ernährungsberaters und einer „strengen Diät" entsprechen, da klar definierte Mahlzeiten und Essenszeiten aufgeschrieben würden. Ein solcher Plan ist aber kein Muss. Den meisten Lesern wird solch ein Plan wohl missfallen oder zumindest Sorgenfalten auf die Stirn treiben, da es dem Genuss und der Spontanität einen Riegel vorschiebt. Deswegen gilt folgende Empfehlung: Stellen Sie sich nur dann einen strikten Ernährungsplan zusammen, wenn sich solche Vorgehensweisen bisher in Ihrem Leben bewährt haben. Der Großteil der Leser wird

50+ oder 60+ sein und anhand der Lebenserfahrung am besten schlussfolgern können, ob disziplinierte und knallharte Pläne im Leben Erfolg gebracht oder lustlos gestimmt haben. Die in diesem Ratgeber empfohlene und mutmaßlich dem Großteil an Lesern zuträgliche Vorgehensweise ist nicht das Erstellen eines Ernährungsplans, sondern eines Ernährungsportfolios. Dabei schreiben Sie sich eine Auswahl an Lebensmitteln auf, die Ihrem Ziel – abnehmen, zunehmen oder Gewicht halten – und Ihren Vorstellungen von Genuss beim Essen entspricht. Diese Auswahl an Lebensmitteln kaufen Sie jedes Mal im Laden ein. Welche Lebensmittel Sie aus der Auswahl wann kaufen, zu welchen Uhrzeiten Sie essen und welche Gerichte Sie konkret zubereiten, bleibt Ihnen überlassen.

Aber welche Lebensmittel gehören in die Auswahl?

Hierzu werfen wir einen Blick auf die 10 Regeln der Ernährung[56], die von der DGE (Deutsche Gesellschaft für Ernährung) als Empfehlung an jeden Bürger herausgegeben werden. Diese lauten wie folgt:

1. Lebensmittelvielfalt genießen
2. Gemüse und Obst – nimm „5 am Tag"
3. Vollkorn wählen
4. Mit tierischen Lebensmitteln die Auswahl ergänzen
5. Gesundheitsfördernde Fette nutzen
6. Zucker und Salz einsparen
7. Am besten Wasser trinken
8. Schonend zubereiten
9. Achtsam essen und genießen
10. Auf das Gewicht achten und in Bewegung bleiben

---

[56] https://www.dge.de/ernaehrungspraxis/vollwertige-ernaehrung/10-regeln-der-dge/

"Die Enkelkinder aufwachsen sehen"

Erörtern wir nun jeden der Punkte in aller Kürze, da es ausführlicher Erklärungen nicht bedarf. Im ersten Unterkapitel dieses Kapitels, 3.1, dürften Sie bereits den Großteil dieser Punkte kennen und verstehen gelernt haben. Die Lebensmittelvielfalt zu genießen meint, nicht einseitig zu essen. Sie stellen es sicher, indem Sie sich einen großen Pool an Lebensmitteln zusammenstellen, wie wir es uns in diesem Schritt ohnehin zum Ziel setzen. Der große Pool beginnt beim Gemüse und Obst, von denen idealerweise fünf Stück am Tag gegessen werden. Empfohlen ist eine Aufteilung auf drei Mal Gemüse und zwei Mal Obst. Diese Empfehlung wird mit dem höheren Zucker- und Kaloriengehalt im Obst begründet. Mediziner und Wissenschaftler vertreten zunehmend eine andere Meinung als die DGE und formulieren die Leitlinie „Gemüse ist das bessere Obst", was für eine geringere Einnahmemenge von Obst und einen höheren Gemüseanteil am Tag sprechen würde. Es ist Ihnen empfohlen, sich möglichst an das Gemüse zu halten.

Aufgabe 4
Schreiben Sie mindestens zehn Obst- und 15 Gemüsesorten auf, die Sie im Rahmen Ihres Lebensmittelpools in Ihren Ernährungsalltag zu integrieren bereit sind. Nutzen Sie einen Zettel, den Sie an einer jederzeit sichtbaren Stelle deponieren und der lange halten wird. Empfohlen ist es, auf Pappe zu schreiben. So werden Sie Ihren Lebensmittelpool dauerhaft im Blick haben. Bedenken Sie, dass auch Hülsenfrüchte zum Gemüse zählen: Nüsse, Linsen und Bohnen. Da Nüsse, Linsen und weitere Hülsenfrüchte aber einen hohen Kalorienanteil haben, sollten maximal fünf davon beim Gemüse aufgeschrieben werden. Die restlichen zehn oder mehr Sorten macht das niederkalorische Gemüse aus, wozu Tomaten, Zucchini, Salat, Gurken und ähnliche Sorten mit einem vergleichsweise geringen Kaloriengehalt gehören. Schreiben Sie neben die niedergeschriebenen Obst- und Gemüsesorten den Kaloriengehalt der einzelnen Lebensmittel auf 100 Gramm. Denn Sie werden die Menge der konsumierten Lebensmittel in dem Ihnen er-

3 Wie kann ich den Alterungsprozess verlangsamen?

laubten Kalorienrahmen halten müssen, um nicht wider Ihrem Ziel zuzunehmen oder abzunehmen. Eine einzige Bedingung beim Obst: Die Avocado muss von Ihnen aufgelistet werden. Sie gilt als Superfood, was aufgrund des hohen Ballaststoff- und Vitamingehalts nur nachvollziehbar ist. Auch der Gehalt an gesundheitsfördernden Fettsäuren darf sich sehen lassen.

Nach dem Obst- und Gemüse vervollständigen Sie mithilfe der restlichen Regeln Ihren Lebensmittelpool. Dabei ist zu beachten, dass das Fleisch nach Möglichkeit fettarm sein sollte. Fisch darf wiederum fettreich sein; insbesondere fettreicher Meeresfisch ist für die Gesundheit vorteilhaft. Achten Sie darauf, dass Sie innerhalb der von der DGE empfohlenen Grenzen von 600 Gramm für Fleischkonsum und maximal 2 Fischgerichten pro Woche bleiben. Milch, Milchprodukte und Eier dürfen gern öfter sein. Achten Sie darauf, dass Sie den im Unterkapitel geschilderten erhöhten Proteinbedarf im Alter decken, um die Wahrscheinlichkeit für die Erhaltung Ihrer Muskelmasse zu steigern. Fangen Sie am besten bei 1,3 bis 1,5 Gramm Eiweiß täglich pro Kilogramm Körpergewicht an und schauen Sie über die ersten drei Monate, wie sich Ihre körperliche Konstitution entwickelt. Auch die restlichen Makronährstoffe sollten gut eingebunden werden. Neben Eiweiß gehören Fett und Kohlenhydrate dazu. Versuchen Sie, auf einen Anteil von Kalorien durch Fette in Höhe von 30 % an der täglichen Ernährung zu kommen. Neben den 30 % Fetten und 1,3 bis 1,5 Gramm Eiweiß pro Kilogramm Körpergewicht sollte der restliche Kalorienbedarf durch Kohlenhydrate gedeckt werden, die bevorzugt aus Vollkornprodukten, Obst und Gemüse stammen. Zur allgemeinen Info: 1 Gramm Eiweiß enthält 4,1 Kilokalorien. 1 Gramm Kohlenhydrate kommt auf denselben Wert. Fette enthalten mit 9,3 Kilokalorien mehr Kilokalorien auf einen Gramm. Die Menge der Kilokalorien pro 1 Gramm Nährstoff ist für Sie wichtig, um den Anteil an der täglichen Kalorienzufuhr bei der Auswahl der Lebensmittel aus dem Lebensmittelpool zu bestimmen und die richtige Konstellation der Lebensmittel zu wählen. Auf den Produktverpackungen der Lebensmittel erfahren Sie den Kaloriengehalt der Lebensmittel. Bei Lebensmitteln ohne Angaben und auch sonst steht Ihnen die Website fddb.info[57] mit Informationen zum Kaloriengehalt einzelner Lebensmittel zur Verfügung.

Aufgabe 5
Ergänzen Sie in Ihrer Lebensmittelpool-Liste nun das Obst und Gemüse um Lebensmittel, die den anderen genannten Standards der DGE entsprechen. Blättern Sie dafür ins Unterkapitel 3.1 zurück, in dem an einzelnen Stellen einige Empfehlungen für Lebensmittel genannt sind. Notieren Sie in der Liste ebenfalls den Kaloriengehalt dieser Lebensmittel auf 100 Gramm.

Alles, was Sie in der Folge machen müssen, ist einzig und allein das abwechslungsreiche Kochen mit den Lebensmitteln in dem von Ihnen erstellten Lebensmittelpool durchzuführen. Versuchen Sie, an Tagen, an denen Sie viel Zeit haben, aufwendig zu kochen, und sparen Sie sich die Standard-Gerichte (z. B. Rührei, eine Scheibe Brot mit Belag) für Tage auf, an denen Sie keine Zeit zum Kochen haben. Bedenken Sie bei alledem: Kochen ist auch ein gesellschaftlicher Akt. Laden Sie deswegen regelmäßig die Familie ein und kochen Sie mit vereinten Kräften des Öfteren sogar die kompliziertesten Gerichte, die Ihnen in den Sinn kommen – von der Bouillabaisse bis hin zur Paella. Gewöhnen Sie sich, um den zehn Regeln der DGE vollends gerecht zu werden, an eine schonende Zubereitung der Lebensmittel. Schonend ist die Zubereitung dann, wenn Sie die Speisen zum größten Teil dünsten und garen. So bleiben die meisten Nährstoffe in den Lebensmitteln enthalten.

---

[57] https://fddb.info/db/de/produktgruppen/produkt_verzeichnis/

3.2.2 Zweiter Schritt: Sportliche Aktivitäten in den Alltag integrieren

Eine gute Überleitung zum zweiten Schritt Ihres Altersverlangsamungsprozesses bildet die zehnte Regel der DGE, die körperliche Aktivität nahelegt. Die Bedeutung der körperlichen Aktivität haben wir bereits eindeutig untermauert, indem wir uns das Skelett und die Muskulatur schwerpunktmäßig im Unterkapitel 3.1 vor Augen geführt haben. Dabei haben wir festgestellt, dass ein Training mit schweren Gewichten für die Muskulatur essenziell ist. Einzig auf starke Belastungen sprechen die Typ-2-Muskelfasern im Körper derart an, dass die höchstmögliche Wahrscheinlichkeit für einen Erhalt der Kraft und Muskulatur im Alter erreicht werden kann. Das Skelett hingegen profitiert von jedweder Art von Bewegungen, wobei allem voran gelenkschonender Sport im Vordergrund steht. Gymnastik, Schwimmen und Radfahren bringen sich hier ins Gespräch.

Aufgabe 1
Erstellen Sie eine Liste aller Sportarten, die Ihnen zusagen oder bei denen Sie sich vorstellen könnten, diesen Sport zu praktizieren. Berücksichtigen Sie dabei (zunächst) nicht die körperlichen Einschränkungen bzw. Grenzen, die aufgrund eventueller Erkrankungen oder mangelnder Fitness existieren könnten. Es geht zunächst einzig und allein darum, was Ihnen gefällt.

Nun haben Sie eine Liste an Sportarten, die Ihnen gefallen. Es gibt Sportarten, die vorwiegend stark belastend und kraftfordernd sind. Diese lassen sich dem Segment des Kraftaufbaus zuordnen und fürs Muskeltraining anwenden. Andere Sportarten sind den Ausdauersportarten zuzuordnen. Sie sind für die Gelenke förderlich. Die folgende Tabelle hilft Ihnen dabei, alle von Ihnen aufgeschriebenen Sportarten in die beiden Kategorien einzuteilen:

Kraftsport	Ausdauersport
Klettern	Schwimmen und anderer Wassersport
Fitness: Bodybuilding, Gerätetraining, Fitnesskurse, Crossfit	Ballsport: Golf, Handball, Fußball usw.
Kampfsport: Boxen, Judo, MMA, Krav-Maga	Gymnastik, Yoga, Pilates
Rudern, Kanufahren	Nordic Walking, Wandern
Turnen	Radfahren
Calisthenics	Reiten
	Rollstuhlsport
	Skifahren
	Tanzen: Zumba, Partnertanz, Breakdance
	Leichtathletik
	Parkour

Aufgabe 2

Ordnen Sie die von Ihnen notierten Sportarten den beiden Kategorien zu. Wichtige Regel: In jeder Kategorie müssen mindestens drei Sportarten stehen. Damit lassen Sie sich eine Auswahl, falls Ihnen ein Sport nicht gefallen sollte oder falls bei vorhandenen körperlichen Einschränkungen nach Rücksprache mit dem Arzt eine bestimmte Aktivität nicht praktizierbar ist. Wichtig für das Notieren der Sportarten: Das Krafttraining mit Gewichten und Freihanteln sowie die Gymnastik müssen fürs Erste aufgeschrieben werden. Haben Sie beides noch nicht auf Ihre Liste geschrieben, dann holen Sie es im Rahmen dieser Aufgabe nach.

Sie testen alle Sportarten, die Sie aufgeschrieben haben. Hierzu gibt es reichlich Möglichkeiten, da nahezu jeder Verein bzw. jede Einrichtung mindestens ein Probetraining anbietet. Gibt es gesundheitliche Einschränkungen oder Hürden, dann stehen Sie selbst in der Pflicht, diese ernst zu nehmen und mit dem Arzt vorab ein Gespräch darüber zu führen. Ihre Gesundheit ist nach wie vor das höchste Gut. Auch, wenn der Ratgeber im Allgemeinen den Kraftsport mit Gewichten empfiehlt, so ist doch Ihre individuelle Situation ausschlaggebend dafür, ob der Kraftsport wirklich die richtige Maßnahme ist. Sind Sie körperlich gesund, dann sollten Sie sich frei fühlen, alle Sportarten, die Sie auf der Liste stehen haben, auszuprobieren.

Aufgabe 3
Bemühen Sie sich zunächst die Sportarten auszuprobieren, bei denen Sie in Kontakt mit anderen Menschen kommen. Aus diesem Grund wurde das Krafttraining im Fitnessstudio und die Gymnastik nahegelegt: Einerseits handelt es sich um die für den Körper wichtigsten Sportarten. Andererseits ist beides kaum ohne Anwesenheit von anderen Menschen zu praktizieren. Im Fitnessstudio werden meist Gymnastikkurse mit angeboten, sodass Sie beide Komponenten abdecken. Nach dem Besuch im Fitnessstudio und bei der Gymnastik können Sie in beliebiger Reihenfolge die weiteren Sportarten aus Ihrer Liste durchprobieren.

Nachdem Sie sich für Aufgabe 3 – je nach Anzahl der Sportarten und der Termine für Probetrainings – ein paar Wochen bis zu zwei Monate Zeit gelassen haben, evaluieren Sie anhand mehrerer Aspekte, welche Sportarten für Sie die besten sind. Nehmen Sie sich dafür ruhig einige Tage Zeit, aber arrangieren Sie Ihren Zeitplan so, dass Sie im dritten Monat mit Ihren Sportarten loslegen werden und diese ein fester Bestandteil des Alltags werden. Bewerten Sie die für Sie geeignetsten Sportarten nicht nur nach emotionalen Aspekten, sondern auch nach der Vernunft. Sollten Sie sich anfangs im Fitnessstudio unwohl gefühlt haben, aber dieses Gefühl mit der Zeit geschwunden sein, dann ist davon auszugehen, dass die positive Entwicklung sich auch in der Zukunft abzeichnen wird. Bewerten Sie mit einem Blick in die Zukunft:

- Welche der Sportarten wird Ihnen helfen – weil Sie es bei den wenigen Probetrainings bereits gemerkt haben – auch im Alter noch über den ein oder anderen Schatten zu springen?
- Wo haben Sie die ersten sozialen Kontakte geknüpft, die Ihnen ein Lächeln ins Gesicht gezaubert und Ihren Alltag bereichert haben?
- Was hat Ihrem Körper am besten getan oder wo war Ihr Körper am meisten gefordert? Hinweis: Gefordert, nicht überfordert!
- Welcher Sport hat es geschafft, Sie aus der Gewohnheit zu holen, damit Sie Neues lernen?
- Welche Sportarten lassen sich gut miteinander kombinieren? Hinweis: Wenn Sie beim Klettern bereits maximal gefordert sind und sich für das Klettern definitiv entscheiden möchten, dann wählen Sie aus der Kategorie „Ausdauersport" einen möglichst schonenden Zweitsport.

Letztlich ist wichtig, dass Sie nicht nur in die Komfortzone gehen. Sport kann körperlich, aber auch mental, durch ein gewisses Maß an Selbstüberwindung eine wichtige Erfahrung und ein Bestandteil der Persönlichkeitsentwicklung sein. Wer im Alter merkt, dass er seinen Willen, seine Disziplin, sein Selbstvertrauen und andere Eigenschaften noch trainieren kann, der wird aus dem Inneren heraus eine größere Vitalität und Motivation verspüren. Es tritt ein Ehrgeiz ein, sich in möglichst vielen Bereichen des Lebens zu fordern und die Angst vor Neuem gegenüber der Begeisterung zur Weiterentwicklung abzulegen.

Zufälligerweise ist es eben das Gewichttraining, das all diese Aspekte fördert. Es wäre eine Lüge, zu behaupten, dieser

Ratgeber wolle Sie nicht beeinflussen, im Fitnessstudio die Gewichte zu stemmen. Natürlich ist diese Beeinflussung ein Ziel, weil die Vorteile für die Muskulatur unermesslich sind und die Charakterstärke mannigfaltig trainiert wird. Schlussendlich muss für Sie die Frage sein, wie ernst Sie den Prozess der Altersverlangsamung nehmen. Je ernster es ist, umso eher hat das Gewichttraining einen Platz in Ihrem Sportplan verdient. Aber die Entscheidung treffen nur Sie!

Aufgabe 4
Nummerieren Sie die einzelnen Sportarten. Sowohl in der Spalte mit dem Kraftsport als auch in der Spalte mit dem Ausdauersport werden Nummern vergeben: Die Nummer 1 geht an die Sportart, mit der Sie sofort beginnen werden. Die anderen Sportarten werden absteigend in der Reihenfolge nummeriert, in der die Sportarten in Ihrer Gunst liegen. Sie bewahren die Liste auf, da Sie eventuell nach einem halben Jahr merken werden, dass die eine Sportart nichts für Sie ist. Dann wird ein Wechsel auf die Nummer-2-Sportart die Option sein.

Überspannen Sie in der Praxis der Sportarten nie den Bogen und halten Sie sich an die Ratschläge der Trainer und erfahrenen Sportler. Sollten Sie eine Übung intensivieren wollen oder Unwohlsein fühlen, dann melden Sie sich schnellstmöglich bei den verantwortlichen Personen, damit rechtzeitig eine Lösung erarbeitet werden kann. Ansonsten besteht für Sie absolute Flexibilität und Individualität, was das Ausüben von Sportarten angeht. Sollten Sie eine Sportart machen, die Sie bereits das ganze Leben über praktizieren oder in der Vergangenheit praktiziert haben, dann wissen Sie ohnehin bestens Bescheid, wie Sie zu verfahren haben. Vergessen Sie trotz der ganzen Ratschläge in diesem Unterkapitel nicht: Es muss Spaß machen!

Aufgabe 5
Wann immer Sie die Gelegenheit haben, aufgrund von günstigen Umständen in Kontakt mit Mitmenschen zu kommen:

Nutzen Sie die Chance! Günstige Umstände sind es, wenn Sie jemand offen und – der Körpersprache und Mimik nach zu urteilen – freundlich anspricht. Fördern Sie Gespräche, indem Sie offen auf die Themen eingehen. Seien Sie bei sensiblen Themen (z. B. Religion, Politik, Familie) vorsichtig, da nicht klar ist, wie die Person zu diesen Themen steht. Sprechen Sie Unsicherheiten notfalls an. Formulieren Sie Fragen offen, indem Sie keine klassischen Ja-Nein-Fragen stellen, sondern die Person zum Erzählen animieren. Gibt es im Fitnessstudio, im Club oder in anderen Orten öffentliche Veranstaltungen oder Events, die Ihren Interessen entsprechen, dann bemühen Sie sich, diese wahrzunehmen.

Gesellschaft inspiriert und wird Sie dazu bringen, nach und nach Neues zu erkunden. Seien Sie authentisch und offen. Dann ist es nur eine Frage der Zeit, bis Sie die ersten Bekanntschaften knüpfen und durch das soziale Leben Ihr Glücksempfinden stärken. Auch das steigert die Lebenserwartung, wie Sie erfahren durften.

3.2.3 Dritter Schritt: Neues ausprobieren – wie viel und wo fange ich an?

An letzter Stelle steht die Frage nach der Menge der neuen Dinge und Abläufe, die Sie in Ihr Leben Einzug halten lassen, und dem Anfang, den Sie setzen müssen. Die Herausforderung ist, aus den vielen Möglichkeiten, die das heutige Leben offeriert, die herauszufiltern, die sich eignen, um gelernt zu werden. Um Ihnen zu helfen, wurde ein Mix aus fünf Aufgaben zusammengestellt, die verschiedene Lebensbereiche umfassen.

Aufgabe 1
Kaufen Sie sich ein Handy, lassen Sie sich eines schenken oder holen Sie sich eines mit Vertrag. Wichtig: Bei dem Handy muss es sich um ein Smartphone handeln, das Ihnen u. a. die Nutzung von Programmen, sogenannten Apps, zur Kommunikation mit Mitmenschen ermöglicht. Gehen Sie in einen Laden

und probieren Sie die Smartphones durch. Falls Sie nicht so gut informiert sind, dann achten Sie nur darauf, bei welchen Smartphones die Schrift für Sie am besten lesbar ist und bei welchen Smartphones sich die Befehle auf dem Bildschirm am besten drücken lassen. Dann haben Sie drei Einzelaufgaben:

1. Lassen Sie sich nach dem Kauf von einem Familienmitglied, einem Freund, einer Freundin oder einer anderen Person das Smartphone einrichten.
2. Lernen Sie, im Internet zu surfen.
3. Lernen Sie die Benutzung von Whatsapp und kommunizieren Sie anschließend mit mindestens drei Personen Ihrer Wahl.

Lassen Sie sich für all das so viel Zeit, wie Sie brauchen.

Alternative für Fortgeschrittene, die bereits ein Smartphone haben und es bedienen können: Laden Sie sich das Spiel *Subway Surfers* und die App *Neuronation* herunter . Subway Surfers wird für Sie an drei Tagen in der Woche mit je einer halben Stunde Spielzeit Ihr Training für Reaktionsgeschwindigkeit sein. Neuronation ist eine Anwendung, die dem Gehirnjogging dient.

Das Smartphone ist eine Grundlage für Personen in der heutigen Zeit. Notruffunktionen, Ortungssysteme und eine Vernetzung mit anderen Geräten machen das Leben sicher und komfortabel. Personen, die noch nie ein Smartphone genutzt haben, werden anfangs Geduld haben müssen, da das Lernen der Abläufe dauert. Aber üben Sie, mindestens eine Stunde täglich. Sobald Sie sich zu den Fortgeschrittenen zählen, ist die Zeit reif, sich an das Spiel Subway Surfers und die App Neuronation heranzuwagen. Mit dem Kennenlernen des Smartphones legen Sie den ersten Grundstein für Neues, das Sie Einzug in Ihr Leben halten lassen.

Aufgabe 2

Das Reisen ist eine generationenübergreifend verbindende Leidenschaft von Menschen. Nun ist es Zeit, dass Sie verreisen. Schreiben Sie sich eine Auswahl an drei Orten im Umkreis von 100 Kilometern von Ihrer Wohnung auf, die Sie an einem eintägigen Ausflug gern besuchen würden. Fahren Sie fort mit einer Auswahl an drei Orten in Ihrem Heimatland, die Sie gern besuchen würden. Planen Sie für diese Ausflüge einen drei- bis fünftägigen Aufenthalt ein. Zu guter Letzt erstellen Sie eine Auswahl an drei Orten in den Nachbarländern Ihres Heimatlandes, die Sie im Rahmen eines ein- bis zweiwöchigen Aufenthalts gern besuchen würden. Wohnen Sie in Deutschland, dann haben Sie in der Mitte Europas vielfältige Möglichkeiten, verschiedene Staaten in kurzer Zeit per Fernreisebus oder Auto kostengünstig und schnell zu besuchen.

Alternative für Fortgeschrittene, die bereits viel gereist sind: Führen Sie entweder neue Reisen durch, die Sie in die Weiten der Welt führen, oder – was weitaus spektakulärer ist – reisen Sie auf eine Art und Weise, wie Sie es noch nie getan haben. Mieten Sie beispielsweise ein Wohnmobil oder fahren Sie mit dem Fahrrad und zelten Sie! Sie werden bisher bekannte Orte auf eine neue Art und Weise wahrnehmen!

Nun einige Anmerkungen: Bei den drei Orten im Umkreis von 100 Kilometern von Ihrer Wohnung dürfen es auch Orte sein, die sich quasi vor Ihrer Haustür befinden, die Sie aber noch nicht besucht haben. Wichtig ist: Es müssen neue Orte sein und Sie müssen für einen eintägigen Ausflug genug Beschäftigung offerieren. Wer im Herzen Berlins wohnt und die Museumsinsel noch nicht besucht hat, wird mit einem solchen Besuch sogar drei bis fünf Tage füllen können. Es ist also genug Raum für Kreativität vor der eigenen Haustür gegeben.

Wieso wird Ihnen diese Reihenfolge – Tagesausflüge in der Nähe, Landesausflüge und Europareisen – vorgeschlagen? Die

Begründung ist einfach: Sie arbeiten sich in einem weitestgehend vertrauten Umfeld durch die Tagesausflüge langsam an das Gefühl für Reisen heran und lernen direkt zu Beginn, die kleinen Dinge in naher Umgebung wertzuschätzen. Wenn Sie entdecken, dass es sogar in einem Umkreis von 100 Kilometern von Ihrem Wohnort noch etwas Neues zu erleben gibt, werden Sie mit umso mehr Vorfreude die größeren Reisen angehen. Führen Sie in einem Monat die Ausflüge in der Nähe Ihres Wohnorts durch. Nutzen Sie die darauffolgenden drei Monate für je einen Ausflug innerhalb Deutschlands, der die besagten drei bis fünf Tage dauert. Schlussendlich nutzen Sie die verbliebenen neun Monate des Jahres für je einen ein- bis zweiwöchigen Ausflug in Nachbarländer alle drei Monate. Dies ist das Mindestpensum. Je mehr Ausflüge Sie machen und je länger die Ausflüge dauern, umso besser ist es für Sie. Solange die Reisen keinen Stress bereiten und Sie eine gesunde Ernährung und Ihr Sportprogramm bis auf seltene Ausnahmen einhalten können, ist alles in Ordnung. Geheimtipp: Wenn Sie neuen Leuten begegnen und sich mit diesen austauschen möchten, dann nutzen Sie keine Hotels und Luxusunterkünfte, sondern wählen Sie Unterkünfte für mehrere Personen oder Backpacker-Hostels. So wird ein generationenübergreifender Reisespaß am wahrscheinlichsten. Das Wichtigste ist zunächst aber, dass Sie überhaupt einen Anfang machen und reisen. Der Rest kommt von allein.

Aufgabe 3

Um die Zeit zwischen den Reisen sinnvoll zu füllen, ist der Besuch einer Messe empfohlen. Einen Messebesuch können Sie mit der Aufgabe 2 kombinieren, indem Sie diesen als drei- bis fünftägigen Inlandsausflug nutzen. Auch können Sie die Besuchsdauer erweitern und an vier Tagen die Messe besuchen, während Sie an weiteren vier Tagen die Stadt erkunden. Deutschlands klassische Messestädte, wie z. B. Köln, Essen, Hannover und Berlin, haben einiges an Sehenswürdigkeiten zu bieten. Dort ist mit der Messe allein die Messe nicht gelesen!

"Die Enkelkinder aufwachsen sehen"

Wählen Sie die Messe so, dass Sie zu Ihren Interessen passt. Waren Autos Ihr Leben lang Ihre Leidenschaft? Dann sind Messen mit entsprechendem Angebot, wie z. B. die Oldtimer-Tage vom 16. bis 17. Mai 2020 in Berlin[58], das Richtige für Sie. Auch für ausgefallene Interessen gibt es mit Angeboten wie der Euro-Teddy-Messe in Essen vom 3. bis 4. Oktober 2020 in Essen[59] reichlich Optionen. Auf den beiden verlinkten Seiten können Sie neben den genannten Beispielangeboten nach weiteren Messen suchen.

Alternative für Fortgeschrittene; also regelmäßige Messebesucher: Suchen Sie sich ein Fachgebiet aus, z. B. Sport, zu dem Sie drei bis fünf Messen in Deutschland oder im Ausland besuchen.

Was bringt das Messefieber als Aufgabe? Sie widmen sich einerseits einer Sache, die Ihnen gefällt – nämlich das jeweilige Thema der Messe – und profitieren davon, dass Sie einen Einblick in die neuesten Trends in diesem Themenbereich erhalten. Sie erkennen, wie stark die Digitalisierung einzelne Fachbereiche erfasst. Zudem treffen Sie auf Gleichgesinnte und lernen dazu. Wer weiß: Vielleicht landen Sie in einer Gruppe oder finden eine Nebentätigkeit, da Ihre Expertise gefragt ist? Oder Sie gewinnen in einem Wettbewerb einen Gegenstand, an dem Ihnen sehr gelegen ist. Das wäre doch mal ein auf positive Weise verrückter und unerwarteter Erfolg! Apropos verrückt und unerwartet ...

Aufgabe 4
Machen Sie etwas – für Ihr Alter – Untypisches in einer Gruppe mit anderen! Die Gruppe kann aus Gleichaltrigen bestehen. Es kommen ebenso Personen in einer anderen Altersklasse in Frage. Wichtig ist nur, dass Sie sich auf einer Wellenlänge mit den

---

[58] https://www.messeninfo.de/Oldtimer-Tage-M11553/Berlin.html
[59] https://www.messen.de/de/7679/essen/euro-teddy/info

3 Wie kann ich den Alterungsprozess verlangsamen?

Personen befinden, mit denen Sie der Aktivität nachgehen. Lassen Sie sich von der Herausforderung nicht überfordern. Nehmen Sie sich Zeit, denn Sie sind bereits bei der vierten Aufgabe und haben bis hierhin große Fortschritte gemacht!

Schaffen Sie mit Aufgabe 4 eine Abwechslung, die Sie aus der Gewohnheit ausbrechen und etwas für Sie Untypisches machen lässt. Hinter dieser Aufgabe steht die Intention, Ihre Hemmschwelle zu senken. Wenn Sie etwas absolut Ungewohntes machen, sinkt die Hemmschwelle – egal, ob Sie es gut oder schlecht machen. Geben Sie sich also einen Ruck. Sie blamieren sich schlimmstenfalls zusammen mit anderen Personen, was im Nachhinein bei einer Unterhaltung untereinander für viele Lacher sorgen wird. Vor allem aber wird ein wichtiges Ziel mit dem Senken der Hemmschwelle erreicht: Sie entledigen sich einfacher der Angst vor Fehlern.

Aufgabe 5
Engagieren Sie sich in der Natur! Ein Engagement für Senioren in der Natur ist über Verbände möglich, die jederzeit nach Freiwilligen in allen Altersklassen suchen. Auf entsprechenden Websites mit dem Stellenangebot haben Verbände wie der NABU[60] (Naturschutzbund) und der BUND[61] (Bund für Umwelt und Naturschutz Deutschlands) Angebote, bei denen Sie den verschiedensten Aktivitäten nachgehen können: Vom Schneiden der Streuobstwiesen über den Aufbau der Krötenzäune bis hin zum Reinigen der Bachläufe und vielem mehr! Die Aktivitäten lassen sich den körperlichen und geistigen Fähigkeiten individuell anpassen. Sie sind in Gesellschaft oder allein machbar. Generationenübergreifend wird von den beteiligten Personen an einem Ziel gearbeitet: Der Schutz von Mutter Natur!

---

[60] https://www.nabu.de/spenden-und-mitmachen/aktiv-vor-ort/index.html?ref=nav
[61] https://www.service.bund.de/Content/DE/Stellen/Suche/Formular.html?view=processForm&nn=4641514

Sie fühlen sich bei dieser Aufgabe nicht richtig aufgehoben? Sie kommen sich gar albern vor? Sie haben keine Lust, sich zu bewerben und sich von anderen Personen in die Aufgaben einweisen zu lassen? Das alles muss nicht sein. Die Arbeit in der Natur ist etwas, was eine jahrtausendealte Tradition hat, aber leider abhandenkommt. Wenn nicht die Generationen 50+ und 60+ mit all Ihren Erfahrungen – wer soll dann für die Natur sorgen und betonen, wie wichtig sie ist? Es gibt Aufgaben bei den Verbänden, die nur eine Beteiligung an wenigen Tagen oder einem Tag im Jahr erfordern. Somit haben Sie die Möglichkeit, die fünfte Aufgabe knapp zu halten. Aber gehen Sie dieser Aufgabe vorzugsweise nach, denn sie führt Sie in einen Bereich, in dem es immer Neues zu beobachten gibt: In die Natur! Bei der Arbeit in der Natur lernen Sie, die Zeit verstreichen zu lassen und die kleinsten Details wahrzunehmen, Sie erden sich, Sie treffen auf ruhige Menschen. Was kann man mehr wollen?

3.3 Hilfsmaterial zur Bekämpfung von Süchten und schlechten Gewohnheiten

Da einige Personen ihr gesamtes Leben oder seit vielen Jahren Laster pflegen, die das angestrebte Ziel, das Altern zu verlangsamen, behindern, wird im Folgenden auf diese Problematik eingegangen. Haben Sie Verständnis dafür, dass in diesem Ratgeber die Themen Sucht und schlechte Gewohnheiten nur rudimentär behandelt werden können. Der Schwerpunkt liegt bei anderen Themen. Um eine Inspiration und einige Schübe Motivation sowie Zuversicht zu bieten, gibt Ihnen der Ratgeber einige Infos zu den Themen Rauchen und Alkoholkonsum. Dabei werden Süchte und schlechte Gewohnheiten im Allgemeinen thematisch kurz angerissen.

3.3.1 So werden Sie das Rauchen und andere Gewohnheiten los!

Wer das Rauchen als Laster mit sich trägt, tut gut daran, Abstand davon zu nehmen. Mittels einer Raucherentwöhnung wird die Lebenserwartung gesteigert. Hinzu kommt als weiterer Vorteil, dass der Prozess des Alterns verzögert wird. Um diese beiden Thesen einer genauen Prüfung zu unterziehen, blicken wir darauf, was das Rauchen im menschlichen Körper verursacht.

3.3.1.1 Auswirkungen des Rauchens auf den Körper

Bereits direkt nach dem Rauchen treten erste Auswirkungen auf den Körper auf. Binnen weniger Sekunden werden Mundraum und Luftröhre anfälliger auf Bakterien, was Erkrankungen des Mund- und Rachenraums fördert. Risiken für Paradontose und Entzündungen der Luftröhre steigen erheblich an. In der Luftröhre unterliegen die Flimmerhärchen, die für die Filterung von Giftstoffen aus der Luft zuständig sind, einer Lähmung. Nach sieben Sekunden – also unmittelbar auf die soeben genannten Konsequenzen für den Organismus folgend – nimmt die Sauerstoffversorgung durch die Wirkung des Nikotins ab. Während zunächst noch eine Ausschüttung von Glückshormonen durch das Andocken des Nikotins an Glücksrezeptoren des Gehirns erfolgt, verändert sich die Situation nach fünf Minuten: Mangel an Konzentration und Gereiztheit sind typische Symptome des Verlangens des Körpers nach mehr Nikotin.

Das waren nur die Wirkungen nach dem ersten Zug an einer Zigarette. Auf lange Sicht, wenn mehrere Jahre lang regelmäßig geraucht wird, sind die Folgen weitreichender. Beginnend bei den Blutgefäßen tritt das Problem von Ablagerungen auf, die die Blutpassage und Sauerstoffzufuhr beeinträchtigen. Die Ablagerungen können zu Verstopfungen in Gefäßen führen, die zur Folge haben, dass das betroffene Gewebe überhaupt nicht mehr mit Sauerstoff versorgt wird und abstirbt. Befindet sich ein verstopftes Gefäß im Herzen, kommt es zu einem Herzinfarkt, bei einer Verstopfung der Gefäße im Gehirn zu einem Schlaganfall. Sowohl der Herzinfarkt als auch der Schlaganfall sind lebensgefährliche Notfälle. Wenn Gewebe in den Beinen aufgrund einer Sauerstoffunterversorgung abstirbt, spricht man vom Raucherbein.

Dieselben Durchblutungsstörungen können an allen Stellen des Körpers auftreten, die mit Blutgefäßen durchzogen sind, wobei der Mundraum und die Zähne hervorzuheben sind: Eine schlechtere Durchblutung fördert hier die Ansiedlung von Bakterien. Diese fördern die Entstehung von Zahnfäule und Löchern in den Zähnen. Wer im Alter raucht, ist für gewöhnlich mehrere Jahre oder Jahrzehnte am Rauchen und wird höchstwahrscheinlich die genannten Krankheiten aufweisen. Wenn im Alter eine Entzündung entsteht, kann diese sich aufgrund des schwächeren Immunsystems schneller ausbreiten und lebensgefährlich werden.

Sie haben im Abschnitt über die Haut kennengelernt, wie wichtig eine Versorgung mit Nährstoffen für die Haut ist. Wenn die Durchblutung infolge des Rauchens gestört ist, wird neben der Sauerstoffzufuhr ebenso die Versorgung mit Nährstoffen verschlechtert. Aufgrund dessen altert die Haut beschleunigt. Zudem fallen die Risiken für Erkrankungen, wie z. B. Hautkrebs, Akne und Schuppenflechte, höher aus.

Das beim Rauchen mitaufgenommene Kohlenmonoxid senkt die Transportfähigkeiten für Sauerstoff im Blut. Die Knochen werden infolgedessen geschwächt, was die Entstehung der bereits erläuterten Erkrankung Osteoporose begünstigt. Grundsätzlich sind es in erster Linie die Ablagerungen in den Gefäßen sowie das Kohlenmonoxid, die die Sauerstoffversorgung beeinträchtigen. Daraus resultieren Schädigungen weiterer Organe und Bestandteile des menschlichen Lebens:

- Augen
- Gehör
- Magen
- Sexualität

> **Hinweis!**
> Wer raucht, sollte auch wissen, was er überhaupt zu sich nimmt. Denn in Zigaretten befinden sich zahlreiche Stoffe, die in Dingen enthalten sind, deren Einnahme gar nicht zur Debatte steht: Vom in Desinfektionsmitteln enthaltenen Formaldehyd über die in Batterien vorhandenen Blei, Cadmium und Nickel bis hin zum Phenol, mit dem Klebemittel angereichert werden. Würden Sie einen der Stoffe einfach so zu sich nehmen?.

3.3.1.2 Treffen Sie Ihre Entscheidung zur Raucherentwöhnung!

Letzten Endes besteht das Leben aus Entscheidungen, die immer Vor- und Nachteile mit sich bringen. Beides gegeneinander abzuwiegen und zu evaluieren, welche Entscheidung wann die richtige ist, ist die zentrale Herausforderung im Leben. Bei der Entscheidung für eine Raucherentwöhnung wird Ihnen diese Herausforderung maximal vereinfacht, da sich bereits nach kürzester Zeit die positiven Folgen bemerkbar machen: Bereits acht Stunden nach der letzten Zigarette normalisiert sich der Sauerstoff- und Kohlenmonoxidgehalt im Blut. Wenige Tage später sind Ihre Sinne im zweiten Frühling, denn Sie riechen und schmecken besser. Nach wenigen Wochen steuert das Kreislaufsystem in vielfacher Hinsicht wieder auf einen Normalzustand zu. Wenn Sie ein Jahr und darüber hinaus rauchfrei bleiben, sinkt das Herzinfarktrisiko um die Hälfte und mehr. Diese Verbesserung geht mit einer höheren Leistungsfähigkeit des Herzens einher.

Doch das auf lange Sicht Beste: Sie steigern Ihre Lebenserwartung und Lebensqualität! Sollten die Schäden durch das Rauchen nicht bereits gravierend sein, dann besteht die Aussicht auf eine gesteigerte Fitness, ein attraktiveres Aussehen, einen hohen Komfort im Alter und ein längeres Leben.

Sie kennen den Mehrwert, die Entscheidung liegt nun bei Ihnen. Dies ist kein Buch zur Raucherentwöhnung, weswegen es nur rudimentär auf speziell diesen Teil eingeht. Auf der anderen Seite sollten Sie, sofern Sie sich für eine Verlangsamung des Alterns und Verlängerung des Lebens interessieren, längst im Verlaufe des gesamten Ratgebers begriffen haben, wie wichtig ein einwandfreier Lebensstil ist. Sie haben die Chance, aber müssen die Entscheidung dazu treffen.

3.3.1.3 Konkrete Ratschläge zur Raucherentwöhnung

Regelrecht faszinierend ist die Tatsache, dass die körperliche Abhängigkeit beim Rauchen bereits nach ein bis spätestens zwei Wochen vorbei ist. Im Prinzip kann nur in diesem Zeitraum die Rede von einem Entzug sein. Potenzielle Nebenwirkungen sind Kopfschmerzen, Übelkeit, Gereiztheit und weitere gesundheitlich unbedenkliche, aber unangenehme Symptome des Entzugs. In dieser Phase hilft Ihnen ein Kalender, in dem Sie Ihren Fortschritte Tag für Tag dokumentieren. Aufbauende Sprüche in diesem Kalender, die Sie an jedem Tag neu überraschen und im Stil eines Adventskalenders auf Sie warten, helfen Ihnen, mit jedem Tag aufs Neue der Belastung durch den Entzug standzuhalten.

Nach dem geschafften Entzug ist die körperliche Abhängigkeit fort. Was bleibt, ist die Abhängigkeit in den Gedanken, die sich mit einem Wort zusammenfassen lässt: Gewohnheit. Sobald der Körper nicht mehr abhängig ist, ist das einzige, was Sie von einem rauchfreien Leben trennt, die Gewohnheit, nach der Zigarette zu greifen, etwas im Mund zu haben oder sich mit Bekannten die Zeit zu vertreiben. Schließlich ist das Rauchen oft ein gesellschaftlicher Akt. Wie schaffen Sie es, die über Jahre hinweg erarbeiteten Gewohnheiten umzuprogrammieren?

- Ersatz suchen: Kaugummis sind der klassische Ersatz, um anstelle der Zigarette etwas aus der Tasche zu ho-

3 Wie kann ich den Alterungsprozess verlangsamen?

len und in den Mund zu führen. Es sind dieselben Bewegungsabläufe wie bei einer Zigarette. Fällt der Entzug schwerer, dann können Nikotinkaugummis helfen. Danach sollte aber Nikotin komplett gemieden werden. Neben Kaugummis können Zahnstocher die Lücke kompensieren, die der Mangel an der Zigarette hinterlässt.
- Verstärkt mit Vorteilen konfrontieren: Sie werden die Gewohnheit des Rauchens einfacher los, wenn Sie sich mit den Vorteilen konfrontieren, die Ihnen die bisherige Raucherentwöhnung gebracht hat. Haben Sie eine bessere Fitness, dann machen Sie mehr Spaziergänge und gehen Sie sportlichen Aktivitäten nach. Ist Ihr Geschmackssinn besser intakt, dann nutzen Sie dies durch regelmäßiges Kochen aus.

> **Hinweis!**
> Die in der Aufzählung genannten Ratschläge zur Entledigung von Gewohnheiten sind neben dem Rauchen auch auf andere schlechte Gewohnheiten nahtlos anwendbar. Sie können Faulenzen, Fernsehen in den Abendstunden, Fingernägelkauen und weitere Gewohnheiten loswerden, indem Sie sich positive Ersatz-Gewohnheiten suchen, neue Gewohnheiten entwickeln oder sich in der Phase der Umstellung verstärkt mit den Vorteilen konfrontieren, die Sie ohne die negativen Gewohnheiten haben.

Sie werden Ihren Weg finden. Dieser Ratgeber hat sich zum Ziel gesetzt, Sie für einen Rauchstopp zu sensibilisieren und Wege zur Umsetzung aufzuzeigen. Weitere Informationen finden Sie im Internet und in Büchern. Auch Dokumentationen im Internet sind eine Hilfe. Bleiben Sie dran, denn mit dem Rauchen arbeitet der Alterungsprozess strikt gegen Sie.

3.3.2 Alkohol: Genuss von Sucht trennen und richtige Maßnahmen ergreifen

Bei Alkohol stellt sich eine andere Faktenlage dar als beim Rauchen. Zwar schadet Alkohol der Gesundheit und kann zu einer Sucht führen, aber damit es zu einer Sucht kommt, muss eine jahrelange regelmäßige – wenn nicht sogar exzessive – Einnahme erfolgen. Bei einem gemäßigten Konsum ist Alkohol kein Suchtmittel, sondern ein Genussmittel. Es ist für die Gesundheit nicht gut, aber die Menge und die Umstände machen es: Wer in gesellschaftlichen Runden trinkt und dabei nicht über die Stränge schlägt, vermag mit dem Alkohol seine Lebensqualität zu erhöhen. Lebensqualität durch Alkohol erhöhen – wie geht denn das?

3.3.2.1 Alkohol in geringen Mengen kann die Lebensqualität steigern

Sobald Alkohol das Gehirn erreicht hat – auf oralem Wege dauert es ungefähr sechs Minuten – werden die Neurotransmitter beeinflusst. Neurotransmitter sind Botenstoffe im Gehirn, die Reize zwischen den Nervenzellen weiterleiten. Unter Alkoholeinfluss ist die Reizweiterleitung falsch bzw. verändert. Ungleichgewichte einzelner Botenstoffe, GABA und Glutamat, hemmen die Arbeit des Gehirns. Zeitgleich werden Stress- und Glückshormone ausgeschüttet. Während die Hemmung der Gehirnaktivitäten u. a. zu einer verminderten Sprachfähigkeit führt, euphorisiert die Ausschüttung von Glückshormonen den Menschen.

Personen, die Erfahrungen mit dem Trinken haben, kennen ihre Grenze, an der aus einer Heiterkeit ein Suffzustand wird. Wer es bei der Heiterkeit belässt und drei bis fünf Mal jährlich in größeren Runden mit Freunden oder Familien aus freudigen Anlässen trinkt, der wird seine Lebensqualität unter Umständen steigern. Die Gründe dafür sind in der gesellschaftlichen Teilhabe gegeben: Eine fröhliche und enthemmte Runde unter

Menschen, die man liebt und schätzt, hat das Potenzial, das einsame Gemüt eines Ruheständlers für die nächsten drei bis vier Monate zufriedenzustellen und Optimismus freizusetzen. Dies sind bekanntermaßen Faktoren, die Einstellung und psychische Verfassung im Alterungsprozess prägen.

3.3.2.2 Ausmaß der negativen Wirkungen

Trotz der Mehrwerte, die Alkohol – um ein bis zwei Ecken gedacht – haben kann, und des Genussfaktors, muss der Vollständigkeit wegen eingestanden werden, dass bereits ein moderater Alkoholkonsum das Gehirn schädigt. Einerseits kann Alkohol eine Schrumpfung des Hippocampus im Gehirn begünstigen. Eine im *British Medical Journal* publizierte Studie[62] von Forschern der University of Oxford stellte bei Männern und Frauen, die über Jahrzehnte hinweg fünf bis sieben 0,5-Liter-Flaschen bzw. 110 bis 170 Gramm reinen Alkohol wöchentlich tranken, ein doppelt bis dreifach erhöhtes Risiko für eine Schrumpfung des Hippocampus fest[63].

Weitere Erkenntnisse driften in die Richtung, dass Alkohol im Gehirn mehrere Wochen nach dem Trinken nachwirkt. Hatten bisher Wissenschaftler und Einzelpersonen zum Teil die Vermutung, dass mehrwöchige Abstinenz nach dem Trinken zu einer schnellen Regeneration des Denkorgans führt, so sind nun zumindest Zweifel angebracht. Eine Studie von Silva de Santis an der Miguel-Hernández-de-Elche-Universität in Alicante verglich 91 männliche alkoholabhängige Personen mit 36 gesunden Kontrollpersonen[64]. Schwerpunkt des Vergleichs waren die Beobachtung und Untersuchung der Veränderungen im Gehirn während einer Entzugskur. Im Rahmen der Un-

---

[62] https://www.bmj.com/content/357/bmj.j2353
[63] https://www.aerzteblatt.de/nachrichten/76197/Schon-moderater-Alkoholkonsum-schaedigt-das-Gehirn
[64] https://www.scinexx.de/news/medizin/gehirn-alkohol-wirkt-noch-wochen-nach/

tersuchungen zeigte sich, dass sogar sechs Wochen nach dem Alkoholkonsum die Nervenschädigung im Gehirn weiter fortschritt. Durch ergänzende Versuche an Ratten mit ähnlichen Ergebnissen konnte das Forscherteam die Wahrscheinlichkeit steigern, dass es sich bei den Auswirkungen tatsächlich um alkoholbedingte Folgen handelte. Was für die noch Wochen nach dem Alkoholkonsum anhaltende Nervenschädigung verantwortlich sein könnte, ist nicht gewiss. Da der Alkohol bereits nach mehreren Stunden aus dem Organismus fort ist, wird darüber gemutmaßt, dass Alkohol eine Entzündungsreaktion im Gehirn auslöst, die die fortdauernden Nervenschädigungen bedingt.

Alles in allem unterstreichen die beiden Studien zwei wichtige Aspekte, die für einen gemäßigten und möglichst wenig schädigenden Alkoholgenuss zu beachten sind: Die erste Studie unterstreicht, dass Alkohol in Maßen genossen werden sollte, die zweite genannte Studie belegt die Relevanz langer Abstinenzphasen – im Idealfall ab drei Monaten Dauer aufwärts – zur Regeneration des Gehirns.

Abgesehen von den Einflüssen aufs Gehirn hat Alkohol weitere negative Auswirkungen auf den Körper:

- Leberschädigungen: Da die Leber für den Abbau des Alkohols zuständig ist, wird sie bei übermäßigem Alkoholkonsum besonders stark betroffen. Eine Verfettung und Verhärtung bis hin zur Leberzirrhose sind mögliche Folgen.
- Krebsrisiko: Alkohol erhöht das Krebsrisiko vor allem in den Regionen, die mit dem Alkohol verstärkt konfrontiert sind. Dazu zählen u. a. die Leber, Speiseröhre und Mundhöhle.
- Übergewicht: Alkohol enthält mit ca. 7 Kalorien pro Gramm mehr Kalorien als die gleiche Menge Eiweiß und Kohlenhydrate. Es handelt sich um leere Kalorien,

aus denen der Körper keine Energie gewinnen kann und die deswegen in Fett umgewandelt werden.

Persönlichkeitsveränderungen, verminderte sexuelle Erlebnisfähigkeit und ansteigende Risiken für Herzkreislauf-Erkrankungen sowie Entzündungen sind weitere potenzielle Folgen häufigen Alkoholkonsums.

3.3.2.3 Wie viel Alkohol ist erlaubt? Wann ist es zu viel? Wann ist eine Sucht gegeben?

Die geschilderten negativen Folgen des Alkoholkonsums lassen sich hinsichtlich ihrer Eintrittswahrscheinlichkeit minimieren. Hierzu ist ein moderater und seltener Alkoholgenuss erforderlich. Wer täglich trinkt, setzt seine Gesundheit schon bei geringen Mengen Alkohol aufs Spiel. Wer wöchentlich trinkt, kann bei ein bis zwei Gläsern Rotwein das Risiko für Erkrankungen verschwindend gering halten. Wer monatlich oder jährlich zwei bis drei Mal geringe Mengen trinkt, hat die Risiken durch Alkohol fast komplett egalisiert. Wie viel Alkohol zu viel ist, ist ein Stück weit eine Frage des eigenen Ermessens und des sonstigen Lebensstils. Gehen wir davon aus, dass Sie alle Ratschläge dieses Buches zur Verlangsamung des Alterns befolgen und nur beim Alkohol eine Ausnahme machen: Solange Sie nicht über die Stränge schlagen, machen Sie alles richtig. Denn Sie haben einen derart gesunden Lebenswandel, dass sich eine einzelne Ausnahme nur wenig bemerkbar machen wird.

Verboten ist Alkohol nur dann, wenn Sie bereits abhängig sind oder vermuten, abhängig zu sein. Eine Abhängigkeit bzw. Sucht macht sich durch folgende Merkmale bemerkbar:

- Starkes Verlangen nach Alkohol
- Kontrollverlust in der Menge des konsumierten Alkohols und in dem persönlichen Verhalten gegenüber anderen Menschen

- Steigerung der konsumierten Menge und der Häufigkeit des Alkoholkonsums
- Entzugserscheinungen am Körper und bei der Psyche bei Verzicht auf Alkohol
- Vernachlässigung von Kontakten und Interessen zugunsten des Alkohols
- Alkoholkonsum setzt sich trotz deutlicher negativer Folgen fort; die Vernunft verliert

> **Hinweis!**
> Sind Sie süchtig, dann ist sowohl beim Alkohol als auch bei anderen Drogen einzig und allein professionelle Hilfe nahezulegen. Es erfordert Größe, sich eine nicht diagnostizierte Sucht einzugestehen, und ebenso Größe, bei Rückfällen einsichtig zu werden und Hilfe aufzusuchen. Aber so anstrengend der Weg aus einer Sucht heraus sein mag, so wichtig ist er für den Körper und Geist. In Therapiegruppen lernen Sie zudem Menschen kennen, die Ihr Schicksal teilen. So steigern Sie die Wahrscheinlichkeit, mit sozialen Kontakten gestärkt aus Rückfällen oder Süchten hervorzugehen. Verlagern Sie die Sucht in positive Dinge, wie z. B. ehrenamtliches Engagement oder sportliche Aktivitäten, dann werden Sie mit der Zeit merken, dass die Abstinenz vom Alkohol oder individuellen anderen Suchtmitteln leichter fällt. Es ist nicht leicht, aber leichter ...

Nicht alkoholabhängigen Personen ist der moderate Alkoholgenuss zwar erlaubt, aber die empfohlenen Mengen sind kaum zuverlässig anzugeben. Verschiedene Quellen – wozu führende Wissenschaftler und Ärzte gehören – streiten sich über die empfohlenen Mengen und sogar bei der Frage, ob Alkohol in geringen Dosen nicht sogar eine günstige Auswirkung auf die Gesundheit haben könnte. Eine verringerte Wahrscheinlichkeit von Herz-/Kreislauferkrankungen wird in Verbindung mit einem moderaten Alkoholkonsum gebracht.[65] Sie werden feststellen, dass im vorigen Abschnitt 3.3.2.1 von genau dem Gegenteil die Rede war: Das Risiko für Herz-/Kreislauferkrankungen steigt mit dem Alkoholkonsum. Was ist also richtig? Und was genau meint „moderater Alkoholkonsum" in einer präzisen benannten Menge?

Keine Ahnung. Da Wissenschaftler, Ärzte und diverse fundierte Quellen allesamt in – wenn auch nur fein – unterschiedliche Richtungen tendieren, gehen die Ratschläge in diesem Buch auf Nummer sicher:

- Trinken Sie maximal fünf Mal im Jahr.
- Lassen Sie zwischen den fünf Mal Trinken mindestens sechs Wochen Pause, damit sich in der Zwischenzeit das Gehirn vernünftig regenerieren kann.
- Bei diesen fünf Mal ist die einzige Grenze für die Menge an Alkohol, die Sie konsumieren, Ihr persönliches Gefühl: Sie sollten nicht betrunken und besinnungslos, sondern in einem angeheiterten Zustand sein.
- Trinken Sie nie allein, sondern wenn, dann in geselligen Runden mit anderen Menschen, die Sie bereits längere Zeit kennen.

Diese drei Ratschläge eröffnen Ihnen den Spielraum für gesellige Runden und eine lockere Heiterkeit. Öfter sollte der Alkoholkonsum nicht stattfinden, da Sie eine disziplinierte Ernährung, ein festes Sportprogramm und mehrere andere Aktivitäten im Alltag zu meistern haben.

---

[65] https://www.aerzteblatt.de/archiv/23208/Wie-viel-Alkohol-macht-krank-Traegt-Alkohol-zur-Gesundheit-bei

3.4 Zusammenfassung

Der Alterprozess erhält an nahezu allen Stellen des Körpers Einzug. Wir können nach jetzigem Stand der Wissenschaft nicht verhindern, dass gewisse Dinge geschehen. Aber dafür können wir beeinflussen, wie Sie geschehen und in welcher Geschwindigkeit sie geschehen. Befinden sich unter den Lesern junge Personen, dann bestehen durch eine Umsetzung der Ratschläge in diesem Buch ab Mitte 20 oder 30 große Chancen, beachtliche Voraussetzungen für eine Verlangsamung des Alterungsprozesses zu setzen. Je früher mit einer Maßnahme begonnen wird und je diszipliniert sie umgesetzt wird, umso mehr fruchtet diese Maßnahme. Im Gegensatz zu den Generationen 20+ und 30+ haben Menschen oberhalb der 50 Jahre bereits schlechtere Chancen, den Alterungsprozess zu verlangsamen. Obwohl die Chancen schlechter sind, trägt eine Umsetzung der Erkenntnisse aus diesem Kapitel dennoch zu einer erheblichen Steigerung der Lebensqualität und einer erhöhten Wahrscheinlichkeit für ein langes Leben bei. Zunächst einmal gilt es, die Ernährung vollwertig und gesund zu gestalten und Sport in den Alltag zu integrieren. Regelmäßig Neues zu praktizieren, hält die geistige Leistungsfähigkeit aufrecht oder erhöht diese sogar und fördert die Psyche. Laster, wie z. B. das Rauchen und andere schlechte Angewohnheiten, gilt es abzulegen. Sie haben in diesem Ratgeber also keine bedeutenden Geheimnisse für ein langes Leben kennengelernt, die der Menschheit vorenthalten werden. Vielmehr haben Sie in einer kompakten Sammlung erfahren, was Sie schon häufig im Leben gehört haben. Einzig und allein an der Umsetzung oder dem Wissen über die Bedeutung der Maßnahmen für die Gesundheit hat es gehapert. Nun haben Sie alles, was Sie brauchen. Setzen Sie es um, mit all Ihrer Erfahrung und Lebenslust!

4 Mit Gelassenheit und Würde altern

So viele Ratschläge Sie im bisherigen Verlauf des Ratgebers erhalten und eventuell sogar umgesetzt haben: Es wird sich nicht verhindern lassen, dass Sie altern. Sie werden die Art und Weise des Alterns positiv beeinflussen können, aber das Altern an sich ist ein Fakt. Dementsprechend verbleibt noch eine Komponente, die die bisherigen Ratschläge ergänzt: Das Altern mit Gelassenheit und Würde zu begehen! Die Gelassenheit wird heutzutage, gefühlt mehr denn je, negativ durch Berichterstattungen beeinflusst, die die alternde Generation in eine Schublade tun und nur über die Probleme sprechen: Demografischer Wandel, Belastung der Renten- und Krankenkassen und weitere Aspekte geben den Senioren hierzulande das Gefühl, ein Problem zu sein. Aber so ist es nicht! Lernen Sie Sichtweisen kennen, mit denen Sie die Schuld nicht nur von sich weisen, sondern das Alter maximal entspannt verbringen. Erfahren Sie zudem, wie Sie in Würde altern – mit Stolz auf die Falten und grauen Haare, die von einem langen und auf die eine oder andere Weise beeindruckenden Leben zeugen!

4.1 Schüssel zur Gelassenheit: Allen negativen Einstellungen und Berichten trotzen

Wenn über das Altern geredet wird, schwingt heutzutage in den Meinungen vieler Personen etwas Bedrohliches mit:

- Der hohe Anteil der älteren Personen in unserer Gesellschaft führt zu einem demographischen Wandel, der das Renten- und Krankenversicherungssystem belastet.
- Im Alter kognitive Fähigkeiten abzubauen, ist unvermeidbar.
- Die vielen jüngeren Familienmitglieder müssen sich um ihre eigenen Pflichten kümmern und haben irgendwann keine Zeit für den Opa oder die Oma.

Am Ende ist aber alles eine Frage der Sichtweise. All diese Aspekte in der Aufzählung sind derart individuell, dass sie nicht auf die breite Masse der Senioren bezogen werden können. Sie dürften im Verlauf des Ratgebers mehrere Dinge gelernt haben. Dazu gehört, dass Sie die Aspekte, die negativ mit dem Alter in Verbindung gebracht werden, regulieren können. Tun Sie daher das Ihnen mögliche, um in jungen Jahren, im Prozess des Alterns und im Alter selbst den Grundstein für eine langfristig gute Gesundheit und Funktionstüchtigkeit von Körper und Geist zu legen. Wenn Sie im Alter aktiv sind, dann werden Sie merken, dass es kaum Zeit zum Faulenzen gibt. Fakt ist, dass die Einstellung bestimmt, wie Sie altern.

Um nochmals auf die 94-jährige Turnerin Johanna Quaas aus einem der Beispiele aus dem vorigen Kapitel zu sprechen zu kommen: Sie sagt über das Alter aus, dass es in ihrem Fall die schönste Zeit ihres Lebens war. Sie ist mit ihrem Mann gereist, nach dessen Tod allein gereist, konnte stundenlang Sport machen, sich mit Freunden und Freundinnen treffen und allgemein den verschiedensten Aktivitäten nachgehen. Dass Veränderungen am Körper eintraten, wozu Falten und ein höherer Fettanteil gehörten, ließ sich mit zunehmendem Marsch auf die 90 Jahre nicht verhindern. Aber sie nahm es hin und alterte. Mit Freude. Mit Würde. Mit Zuversicht. Glücklich und gelassen.

Zunächst ist es wichtig, sich an Beispielen wie dem von Johanna Quaas festzuhalten. Sie allein entscheiden, ob Sie sich den negativen Medien- und Personenmeinungen hingeben oder ob Sie sich Mühe geben, die positiven Dinge für sich zu entdecken. Sie müssen nicht im Alter von 90 Jahren die Tätigkeit als Wettkampf-Turner anstreben oder sich ein Vorbild suchen, dessen Leben Sie imitieren. Es geht vielmehr darum, einen eigenen Weg zu finden – fernab der Manipulationen durch zahlreiche negative Berichte über das Altern.

4.1.1 Exkurs: Wieso Sie in den Medien größtenteils Negatives finden werden

Sie werden in den Medien viele negative Berichte vorfinden. Sogar in den Tagesnachrichten werden die negativen Schlagzeilen dominieren. Dies ist eine These, die einige als gewagt ansehen mögen, die sich aber bei genauer Prüfung leicht belegen lassen wird. Es findet eine Dauerbeschallung mit Kriegen, politischen Problemen, Hasskampagnen, Morden und Negativhymnen auf Donald Trump und die AFD statt. Es mag wohl sein, dass diese Dinge in den Augen der Allgemeinheit, einzelner Medien oder anderer Parteien negativ sind. Es ist wichtig, diese auch zu erwähnen. Doch muss der schockierende Familienmord genannt werden, bei dem sich der Mörder anschließend selbst umbrachte und keine Gefahr mehr für die Menschheit darstellt? Kann nicht stattdessen einmal von einer 92-jährigen Dame berichtet werden, die an Turngeräten für ihr Alter faszinierende Leistungen abliefert? Wäre es nicht möglich, die Geschichte des 87-jährigen Friseurs in Hamburg zu erzählen, der sich für den Ruhestand immer noch zu schade ist und Vollzeit voller Freude unter Menschen arbeitet?

Eine interessante Website, die Sie besuchen können, wenn Sie auf der Suche nach aufbauenden Fakten sind, ist die Internetseite gapminder.org.[66] Der schwedische Medizinprofessor Hans Rosling demonstriert hier bereits seit Jahren, dass die Dinge auf der Welt keineswegs immer so sind, wie sie uns vermittelt werden.

Es häufen sich die Kritiken, dass Nachrichtensendungen wie die Tagesschau in den Diensten der Elite stünden.[67] Gemeint ist die politische Elite, was bedeutet, dass die Nachrichtenerstattung den Blick der Regierung auf das Land, dessen Probleme und andere Länder wiedergibt.

Nachrichten: Letzten Endes sind sie wichtig, um sich auf dem Laufenden zu halten und die Probleme zu verstehen. Was angeraten ist, ist also kein Verzicht. Verordnen Sie sich aber nach Möglichkeit täglich mindestens genauso viele positive wie negative Nachrichten. Gehen Sie dazu beispielsweise auf Websites wie nur-positive-nachrichten.de.[68] Sie werden feststellen, dass dort die Schlagzeilen ganz anders lauten und dennoch ein realistisches Bild von der Welt wiedergeben:

- Sichere Verkehrspolitik in Helsinki schützt Fußgänger und Radfahrer
- Bayreuther Dienstfahrzeug wird mit Wasserstoff betrieben
- Versuchslabor bekommt Genehmigung für Tierversuche entzogen
- Petition zur Legalisierung alternativer Lebensformen erobert das Netz
- Kein einziges Buch verkauft – 100 Jahre alte Buchhandlung wird nach traurigem Tweet mit Bestellungen überflutet

---

[66] https://www.gapminder.org/
[67] https://www.ndr.de/fernsehen/sendungen/zapp/Objektiver-Blick-Nachrichten-im-Wandel,nachrichten502.html
[68] https://nur-positive-nachrichten.de/

Auch gibt es einen Beitrag, in dem von einer Senioren-WG und den Ratschlägen der Senioren an die jüngere Generation berichtet wird. Es handelt sich um etwas, wobei Leser lernen können.

4.1.2 Positive Lebenseinstellung im Alter bedeutet, von Positivem umgeben zu sein

Sie mögen sich womöglich gefragt haben, was die Kritik an den Nachrichten und Medien im vorigen Abschnitt zu bedeuten hatte. Die meisten Leser unter Ihnen werden es aber wohl bereits herausgefiltert haben: Positiv und gelassen altern können die Personen am besten, die von Positivem umgeben sind. Versuchen Sie genau das:

- Suchen Sie die positiven Nachrichten aus aller Welt!
- Seien Sie in einem Freundeskreis, in dem Sie viel lachen können. Kommen negative Gespräche in Ihrem Freundeskreis auf, dann haben Sie positive Ersatz-Themen parat!
- Fangen Sie an, zu jeder Nachricht – insbesondere der, die Sie betrifft – Pro- und Contra-Listen zu erstellen!

Schaffen Sie Objektivität beim vermeintlich Negativen und lassen Sie ansonsten nur das Positive zu. Gewiss mag ein Eisbär im Berliner Zoo gestorben sein. Aber wie viele Eisbären wurden im Gegenzug an diesem Tag weltweit geboren? Recherchieren Sie, notfalls auch auf ausländischen Nachrichtenportalen. Machen Sie das Gleiche vor allem bei Themen des Alterns und beim demographischen Wandel. Es gibt reichlich positive Nachrichten, um sich damit den Tag zu vertreiben.

4.1.3 Fazit

Gelassenheit kommt von Sicherheit und reinem Gewissen. Leben Sie in gesicherten Verhältnissen und nehmen die positiven Dinge um sich herum wahr, dann werden Sie eine hohe

Sicherheit verspüren. Beleuchten Sie die positiven Aspekte des demographischen Wandels und setzen sich mit Fällen von Personen auseinander, die höchst aktiv gealtert sind, dann werden Sie Schuldgefühle verhindern. Denn ein ausschlaggebender negativer Gedanke bestimmter Personengruppen in fortgeschrittenem Alter ist das Schuldempfinden, auf Kosten der jüngeren Generationen leben zu müssen. Aber das ist unberechtigt. Mit diesem Wissen erhält die Gelassenheit noch mehr Einzug in Ihr Leben.

4.2 Würde: Wenn Falten Geschichten erzählen...

Was ist Würde? Es ist gewissermaßen Wertschätzung von sich selbst; eine Ehre, die man sich selbst erweist. Die Wertschätzung rührt daher, dass einerseits ein jeder Mensch ein Recht darauf hat, wertgeschätzt zu werden, da er ein Individuum und einzigartig ist. Andererseits berücksichtigt die Wertschätzung das Leben der Person und das, was die Person erreicht hat. Ein wichtiges Glied, um würdevoll zu altern und ebenso Verpflichtungen nachzugehen, ist die Akzeptanz: Wie kann ich einer Sache eine Ehre erweisen und sie respektieren, wenn ich sie nicht akzeptiere?

Beispiel

Die Sängerin Madonna ist als Popstar eine Ikone. Mittlerweile (Stand: Februar 2020) ist sie 61 Jahre alt. Ihr Äußeres macht aber einen anderen Eindruck. Sie hält sich jung, was einerseits auf ein diszipliniertes Training zurückzuführen ist. Andererseits gibt es beim Anblick ihres faltenfreien Gesichtes Zweifel an der Natürlichkeit. Berichte über Schönheits-OPs im Internet finden sich ohne Ende. Auf ihr Alter angesprochen oder bei Artikeln über ihr Alter, wie in der New York Times[69], zeigt sie sich empfindlich und

---

[69] https://www.nytimes.com/2019/06/05/magazine/madonna-madame-x.html

nimmt eine protektive Position ein: Es seien sexistische Äußerungen, die sie nur aufgrund ihres weiblichen Geschlechts über sich ergehen lassen müsse..

Immer mehr Medienberichte und Lifestyle-Sendungen kritisieren ihren Umgang mit dem Alter und das Bestreben, wie eine 20-jährige auszusehen und sich im Showbusiness bei 30 bis 40 Jahre jüngeren Personen einzuordnen. Es gibt auch positive Meinungen über Madonnas Umgang mit dem Alter. Doch wer auf Kritik so empfindlich reagiert wie sie und erwiesenermaßen nicht natürliche Mittel einsetzt, um Falten zu kaschieren, muss sich den Vorwurf gefallen lassen, nicht in Würde zu altern.

Wie viele Menschen akzeptieren es nicht zu altern und schlagen damit einen Weg ein, der nach außen hin lächerlich erscheint? Die Anzahl ist nicht definierbar, aber insbesondere unter den Promis lassen sich entsprechende Fälle gut sichten.

Die Frage ist aber, was bedeutet würdevolles Altern?

- Dürfen Sie keine aktuellen Modekollektionen ausprobieren und tragen?
- Ist es Ihnen nicht gestattet, die neuesten technischen Erfindungen auszuprobieren und damit auf der „Höhe der Zeit" zu sein? Schließlich wurde Ihnen doch genau das im letzten Kapitel vorgeschlagen ...
- Sind Veranstaltungen, bei denen der Anteil junger Leute dominiert, untersagt?

All diese Fragen lassen sich mit einem „Nein" beantworten. Eventuell aber auch mit einem „Ja". Entscheidend ist nicht, was Sie machen, sondern ob das, was Sie und wie Sie es machen, zu Ihnen passt: „Authentizität" ist das Stichwort! Gehen Sie im Alter von 60 Jahren in die Disco auf die Tanzfläche, weil Sie im Tanzen sowohl bei klassischen als auch modernen Tänzen versiert sind und bereits inmitten verschiedener Altersklassen getanzt haben, dann ist es ein authentischer Zug. Sie werden nicht eingeschüchtert am Rande der Fläche stehen und von einem Fuß auf den anderen hüpfen, sondern höchstwahrscheinlich – da Sie eine Koryphäe auf dem Gebiet der verschiedenen Tanzstile sind – die Jugend beeindrucken. Noch spektakulärer wird der Besuch in einer Disco mutmaßlich ablaufen, wenn Sie mit Ihrem Partner gemeinsam eine beeindruckende Performance hinlegen. Denn so groß die Meinung von sich selbst bei Jugendlichen sein mag – ein professioneller und inniger Paartanz, der zur modernen Musik passt, wird den Jugendlichen ein Beispiel sein, welches Ihnen eine Menge Respekt einbringen wird.

Während die einen dieses Beispiel als abwegig erachten, werden die Tänzer unter den Lesern bereits die ersten Pläne schmieden. Fühlen Sie sich ermutigt, in hohem Alter das zu tun, was Ihren Interessen entspricht. Dann ist es sogar erlaubt, sich unter die jungen Personen zu mischen und diese einmal zu überraschen. Nur gang und gäbe werden sollte dieser Vorgang nicht.

In Würde zu altern bedeutet, dass zu tun, was Sie früher getan haben, es aber von der Gesellschaft und den Abläufen her Ihrem **geistigen** Alter gerecht zu machen. Das geistige Alter lässt sich anhand der Antwort auf die folgende Frage schlussfolgern: In welchen Personenkreisen verbringen Sie am liebsten Zeit und mit welchen dieser Personenkreise können Sie sich am meisten identifizieren? Meistens läuft es darauf hinaus, dann man sich in den Personenkreisen am besten fühlt, die dem eigenen Alter entsprechen. Denn diese verfügen über einen ähnlich reichhaltigen Erfahrungsschatz, sodass die Konversationen untereinander auf einer Ebene verlaufen.

Neben der richtigen Gesellschaft ist die Akzeptanz des sich ändernden Äußeren eine wichtige Komponente des Alterns mit Würde. Sie können die Ratschläge dieses Buches so gut befolgen, wie Sie möchten, aber irgendwann werden die ersten Falten und die ersten grauen Haare kommen. Sobald dies geschieht, trägt eine Akzeptanz des Zustandes zum Altern in Würde bei. Akzeptanz bedeutet, sich wegen der Falten und grauen Haare nicht zu verstecken, sondern sie als Teil der eigenen faszinierenden Lebensgeschichte zu betrachten. Mittlerweile lassen sich immer mehr Menschen tätowieren, um damit gewisse Aussagen zu tätigen und optisch Zeichen zu setzen. Sie haben stattdessen Falten, Ihre eigenen persönlichen Statements, für die Sie keinen Cent zahlen mussten. Personen, die ein solches Selbstverständnis selbstbewusst nach außen tragen, begeistern heutzutage die Menschen. Unter den Promis lassen sich solche Personen finden. Dazu gehören Sharon Stone, Meryl Streep, Richard Gere und Bruce Willis aus der Hollywood-Branche. Mit jeder Falte scheinen die genannten Stars an Respekt dazugewonnen zu haben, weil sie sich dennoch mit einem Lachen im Gesicht nach außen präsentieren. In Deutschland ist die Moderatorin Birgit Schrowange ein ausgezeichnetes Beispiel.

Gewiss wird Ihnen nicht von heute auf morgen der Umgang mit dem Alterungsprozess durch diese paar Personenbeispiele leichtfallen. Wie schwer die Akzeptanz fallen kann, zeigt das Beispiel der US-Schauspielerin Jane Fonda am besten. Sie ließ mehrere Schönheitsoperationen bei sich durchführen, obwohl sie sich immer wieder versprach, dass es die letzte Operation sein sollte.[70] Sie sagt selbst, dass es Ihr schwerfällt, sich zu akzeptieren. Gleichwohl spricht Sie jedem den Tipp aus, an sich zu arbeiten.

Letzten Endes wird es genau das sein, was Sie erbringen werden müssen, solange Sie die Prozesse des Alterns nicht ak-

---

[70] https://www.spiegel.de/panorama/leute/jane-fona-ueber-schoenheitsoperationen-ich-lege-mich-nicht-mehr-unters-messer-a-c9f8a4c8-d6f8-41a8-86fa-2e314b6fc7b3

zeptieren: Arbeit. Mit jedem Tag Arbeit an sich, an dem Sie merken, dass das Altern seine Vorzüge hat, werden Sie der Akzeptanz näher kommen. Setzen Sie die bisherigen Ratschläge des Ratgebers in die Tat um, dann wird Ihnen die Akzeptanz vereinfacht. Denn Sie werden dadurch eine – sofern notwendig – schlankere Figur erhalten, fitter im Denken sein und sich allgemein besser fühlen. Da werden die paar Falten und grauen Haare sicher keinen gravierenden Unterschied machen!

4.3 Zusammenfassung

Da Sie den Alterungsprozess nicht verhindern können, machen Sie im Idealfall das Beste daraus: Ignorieren Sie negative Berichte, Nachrichten und sonstiges, die die alternde Generation als ein Problem darstellen. Sehen Sie stattdessen der Wahrheit ins Auge, die darin verborgen liegt, sich einzugestehen, dass Sie bis hierhin Ihre Pflicht erfüllt haben und sich nun sehr lange Ferien im Ruhestand verdienen. Nutzen Sie diese Ferien aktiv und unternehmen Sie Dinge. Tun Sie es Ihrem Alter und Ihren Vorlieben gerecht, dann werden Sie in Würde altern. Vermeiden Sie Schönheits-OPs, denn die wahre Schönheit lag bisher immer in der Natur. Falten erzählen Geschichten, doch Menschen müssen diese Geschichten erstmal schreiben. Schreiben Sie auch im Alter noch wundervolle Geschichten! Wenn Sie diese Denkweise für sich verinnerlichen, werden Sie auf jede einzelne Falte stolz sein.

Schlusswort

Der Alterungsprozess ist von Mythen in der Gesellschaft, von durch die Politik formulierten Problemen und persönlichen Hemmungen sowie Ängsten verzerrt – so zumindest bei einigen Personen. Bei irgendeinem der einzelnen Aspekte, die das Altern betreffen, gibt es bei nahezu jeder Person einen wunden Punkt. Die Personen, die sich gesund ernähren und sportlich betätigen, haben manchmal Defizite im sozialen Bereich. Jene Personen, die sich über viel Besuch vonseiten der Familie und Freunden freuen dürfen, ernähren sich unter Umständen ungesund. Andere Personen, die nahezu in allen Bereichen einen vorbildlichen Lebenswandel pflegen und fast 100-prozentig glücklich sind, wurmt die eine Tatsache: Nämlich, dass sie altern und es sich optisch bemerkbar macht. Da wurden das ganze Leben über Anstrengungen unternommen und es wurde vorbildlich gelebt, nur um am Ende doch die grauen Haare und ersten Falten zu bekommen! Was soll das eigentlich?

Irgendeinen Makel machen alternde Menschen immer an sich aus. Irgendetwas macht ihnen zu schaffen. Das ist normal. Mehr gibt es nicht zu sagen. Wer damit Frieden schließt, hat eine Basis der Akzeptanz und inneren Ruhe geschaffen, zu der dieser Ratgeber beitragen wollte. Aus dieser Basis heraus können Sie nun die Ihnen bei sich persönlich aufgefallenen Probleme aufgreifen und mit den Ratschlägen in diesem Buch Schritt für Schritt beheben oder vermindern. Stimmt Sie Ihre körperliche Verfassung nicht zufrieden, dann stellen Sie Ihre Ernährung um und fangen Sie mit Sport an. Sehen Sie Luft nach oben in der

"Die Enkelkinder aufwachsen sehen"

Merkfähigkeit, dann fangen Sie mit dem Merken von Einkaufslisten oder Memoryspielen mit den Enkeln an.

Das Altern zu verlangsamen bedeutet nicht zwingend, die Schritt-für-Schritt-Anleitung im dritten Kapitel penibel zu befolgen und sich damit unwohl zu fühlen. Die Anleitung wurde mit reifen Überlegungen und reichlich Fachwissen erstellt und Sie sollten sich an der Umsetzung definitiv versuchen. Aber wenn Sie schon immer introvertiert waren und es Ihrer Natur widerstrebte, sich plötzlich unter neue Leute zu mischen, dann lassen Sie es einfach sein. Sie werden nur dann positiv altern, wenn die Maßnahmen für Sie dem Gefühl nach positiv sind. Der Ratgeber hat Sie zwar aufgerufen, sich durch die ein oder andere Tätigkeit selbst zu überwinden. Erhalten Sie nach einigen Überwindungsversuchen keinen spürbaren Mehrwert, dann nehmen Sie Abstand davon.

Gehen Sie den Weg, den Sie für richtig halten! Aber führen Sie sich eines vor Augen: Die Ernährung umzustellen, Sport zu treiben und das Gehirn mit simplen Aktivitäten bzw. Übungen zu fordern, ist ein Minimum, das jede Person leisten kann. Genau das wird Ihnen abverlangt, wenn Sie Ihr Leben tatsächlich um zehn Jahre oder mehr verlängern möchten! Es gibt keine Ausrede dafür, Fertigessen zu kaufen und vor dem Fernseher zu sitzen. Selbst bei einer bestehenden Altersarmut sind das keine Ausreden. Fertigessen ist unterm Strich oft teurer als frisches selbstgemachtes Essen. Zudem enthält Fertigessen industriell zugesetzten Zucker, was den Appetit nach kurzer Phase der Sättigung nur steigert und zu häufigerem Essen animiert. Die Folge sind steigende Kosten. Essen Sie hingegen drei ausgewogene und selbst zubereitete Mahlzeiten, dann kommt es nicht zu spontanen Heißhungerattacken, was Ihnen Entgleisungen beim Nahrungsmittelbudget erspart. Auch körperliche Einschränkungen sind keine Begründung für eine Vermeidung sportlicher Aktivitäten. Sie durften am Beispiel von Hannelore Elsner aus der NDR-Doku *Medikamente im Alter –*

Schlusswort

Die unterschätzte Gefahr erkennen, in welch einem schlechten Ausgangszustand befindliche Personen ihre körperlichen Fähigkeiten doch noch signifikant verbessern können. Haben Sie sich die Doku nicht angesehen, dann ist es eine Empfehlung von ganzem Herzen, dies nachzuholen. Die Doku hat das Potenzial, einen starken Motivationsschub zu geben.

Finanzielle Aspekte, eigene körperliche Gebrechen oder psychische Barrieren – all das sind Ausnahmen, die im Prinzip nicht eingebracht werden dürfen. Sie bringen die Erfahrung eines jahrzehntelangen Lebens mit. Sie haben Hochs und Tiefs im Leben kennengelernt und sich doch durchgebissen. Sie mussten bereits das ein oder andere Mal einer vergebenen Gelegenheit sehnsüchtig nachtrauern. Nutzen Sie jetzt Ihre Chance und ergreifen Sie die Maßnahmen, die es Ihnen ermöglichen, das Altern zu verlangsamen. Für einen Erfolg gibt es keine Garantie, aber der Versuch lohnt sich!

Quellenverzeichnis

Literatur-Quellen:

Bonjour, J.-P.: *Proteinzufuhr und Knochengesundheit*. Schweizer Zeitschrift für Ernährungsmedizin, 2011.

Colshorn, T.: *Anatomie*. Köln: Deutsche Sportakademie, 2018.

Mayer, F.; Gollhofer, A.; Berg, A.: *Krafttraining mit Älteren und chronisch Kranken*. Deutsche Zeitschrift für Sportmedizin, Jahrgang 54 Nr. 3, 2003.

Women's Health Initiative Group: *Risks and benefits of estrogen plus progestin in healthy postmenopausal women*. JAMA, 2002.

Online-Quellen:

https://www.destatis.de/DE/Themen/Querschnitt/Demografischer-Wandel/_inhalt.html

https://www.demografie-portal.de/SharedDocs/Informieren/DE/BerichteKonzepte/Bund/Enquete_Kommission_Demographischer_Wandel.html

https://www.pfefferminzia.de/kontroverse-studie-pkv-kostet-gesetzlich-versicherte-9-milliarden-euro-jaehrlich/

https://www.alumniportal-deutschland.org/global-goals/sdg-03-gesundheit/steigende-lebenserwartung-alter-altern/

https://www.abendblatt.de/hamburg/article213681691/Mit-70-Jahren-noch-mal-einen-neuen-Friseur-Salon.html

https://www.dzw.de/studie-zur-internetnutzung-20-millionen-senioren-bleiben-auf-der-strecke

https://www.dgpp-online.de/home/themen-der-positiven-psychologie/positive-aging-positiv-altern/

https://www.sueddeutsche.de/sport/rudi-assauer-tot-schalke-manager-nachruf-1.4320074

https://www.cell.com/cell-stem-cell/fulltext/S1934-5909(18)30121-8

https://www.deutschlandfunk.de/demografie-studie-steigende-lebenserwartung-eine.1148.de.html?dram:article_id=449434

https://science.sciencemag.org/content/360/6396/1459

https://www.stern.de/wirtschaft/news/mcdonalds-diese-92-jaehrige-macht-immer-noch-fritten-6835190.html

https://psycnet.apa.org/record/2019-25483-004

https://www.tagesspiegel.de/themen/fit-im-alter/sex-im-alter-ja-das-verlangen-bleibt/13406450.html

https://de.statista.com/statistik/daten/studie/273406/umfrage/entwicklung-der-lebenserwartung-bei-geburt-in-deutschland-nach-geschlecht/

https://www.stern.de/gesundheit/sexualitaet/sex-alter/sex-im-alter-zeit-fuer-zaertlichkeit-3810784.html

Quellenverzeichnis

https://www.n-tv.de/wissen/Muskeln-sind-immer-in-der-Pubertaet-article15766931.html

https://www.spektrum.de/lexikon/neurowissenschaft/muskelfaser/8044

https://www.youtube.com/watch?v=QvXxQRe1pfs

https://www.youtube.com/watch?v=GDwIhB-YVa8

https://www.thieme-connect.de/products/ejournals/abstract/10.1055/s-0029-1220334

https://www.medmix.at/knochenstoffwechsel-knochensubstanz/?cn-reloaded=1

https://www.amboss.com/de/wissen/Knochengewebe

https://www.aerzteblatt.de/archiv/134111/Epidemiologie-der-Osteoporose-Bone-Evaluation-Study

https://www.aerzteblatt.de/nachrichten/86824/Luftverschmutzung-schwaecht-die-Knochen

https://www.uniklinikum-dresden.de/de/das-klinikum/kliniken-polikliniken-institute/ouc/krank-und-verletzt-patienteninformation/huefte/die-arthrose-des-hueftgelenkes/ursachen-und-verlauf-einer-hueftgelenk-arthrose

https://gelenk-klinik.de/gelenke/arthritis-ursachen-symptome-und-behandlung.html

https://www.internisten-im-netz.de/krankheiten/rheumatoide-arthritis/ursachen-risikofaktoren/

https://www.aerztezeitung.de/Medizin/Zu-viel-Kalzium-schadet-dem-Herzen-289371.html

https://www.dge.de/wissenschaft/weitere-publikationen/faqs/calcium/

https://autoimmunportal.de/rheumatoide-arthritis-ursachen/

https://www.aerzteblatt.de/nachrichten/99077/Geriater-warnen-vor-Pneumonie-bei-aelteren-Menschen

https://www.osteoporose-deutschland.de/wp-content/uploads/2015/05/OstWechseljahre1.pdf

https://www.verbraucherzentrale.de/wissen/lebensmittel/nahrungsergaenzungsmittel/antioxidantien-helfer-gegen-freie-radikale-10575

https://www.pharmazeutische-zeitung.de/inhalt-26-2004/titel-26-2004/

https://www.focus.de/gesundheit/ernaehrung/fuer-immer-zuckerfrei-tv-moderatorin-anastasia-zampounidis-lebt-seit-12-jahren-ohne-zucker_id_10410424.html

https://www.rosenfluh.ch/media/arsmedici/2012/12/Haut_und_Haare__Veraenderungen_ein_Leben_lang.pdf

https://alterix.de/gesundheit/geistig-fit/wie-wir-unsere-geistige-leistungsfähigkeit-im-alter-aufrechterhalten-1029.html

https://www.fz-juelich.de/inm/inm-1/DE/Forschung/Architektonik_und_Hirnfunktion/Architektonik_und_Hirnfunktion_node.html

Quellenverzeichnis

https://cordis.europa.eu/article/id/123279-trending-science-do-our-brain-cells-die-as-we-age-researchers-now-say-no/de

https://www.blogtalkradio.com/cathiwatson

http://www.gymmedia.de/event/Quaas

https://www.youtube.com/watch?v=E9FcEcOHJfw

https://alterix.de/gesundheit/geistig-fit/wirkt-multitasking-dem-geistigen-abbau-entgegen-1076.html

https://www.youtube.com/watch?v=q07rgYDweJY

https://www.zm-online.de/archiv/2012/10/titel/physiologie-des-alterns/

https://www.dge.de/ernaehrungspraxis/vollwertige-ernaehrung/10-regeln-der-dge/

https://fddb.info/db/de/produktgruppen/produkt_verzeichnis/

https://www.messeninfo.de/Oldtimer-Tage-M11553/Berlin.html

https://www.messen.de/de/7679/essen/euro-teddy/info

https://www.nabu.de/spenden-und-mitmachen/aktiv-vor-ort/index.html?ref=nav

https://www.service.bund.de/Content/DE/Stellen/Suche/Formular.html?view=processForm&nn=4641514

https://www.bmj.com/content/357/bmj.j2353

https://www.aerzteblatt.de/nachrichten/76197/Schon-moderater-Alkoholkonsum-schaedigt-das-Gehirn

https://www.scinexx.de/news/medizin/gehirn-alkohol-wirkt-noch-wochen-nach/

https://www.aerzteblatt.de/archiv/23208/Wie-viel-Alkohol-macht-krank-Traegt-Alkohol-zur-Gesundheit-bei

https://www.deutschlandfunkkultur.de/negative-schlagzeilen-stoppt-die-ueberflutung.1005.de.html?dram:article_id=463205

https://www.gapminder.org/

https://www.ndr.de/fernsehen/sendungen/zapp/Objektiver-Blick-Nachrichten-im-Wandel,nachrichten502.html

https://nur-positive-nachrichten.de/

https://www.nytimes.com/2019/06/05/magazine/madonna-madame-x.html

https://www.spiegel.de/panorama/leute/jane-fona-ueber-schoenheitsoperationen-ich-lege-mich-nicht-mehr-untersmesser-a-c9f8a4c8-d6f8-41a8-86fa-2e314b6fc7b3

www.ingramcontent.com/pod-product-compliance
Lightning Source LLC
Chambersburg PA
CBHW071351080526
44587CB00017B/3056